AF338752

LA COMTESSE

DE SALISBURY

PAR

ALEXANDRE DUMAS.

Deuxième Édition.

V

PARIS
ALEXANDRE CADOT ÉDITEUR,
52, RUE DE LA HARPE.
——
1848

LA COMTESSE DE SALISBURY.

SOUS PRESSE :

—

LES BELLES DE NUIT,

Par PAUL FÉVAL.

—

LES

AMOURS D'UN FOU,

Par XAVIER DE MONTÉPIN.

—

LE

CHATEAU DE BLOIS,

Par ALEXANDRE DUMAS.

—

LE PEUPLE,

Par Alexandre Dumas.

Impr. de E. Dépée, à Sceaux (Seine).

LA COMTESSE

DE SALISBURY

PAR

ALEXANDRE DUMAS.

Deuxième Édition.

V

PARIS

ALEXANDRE CADOT ÉDITEUR,

52, RUE DE LA HARPE.

—

1848

Gérard se leva malgré lui.

— Ainsi, dit-il, Walter et le roi Édouard III...

— Ne faisaient qu'un, maître ; ce qui ne doit pas vous empêcher de vous asseoir, car le roi se souvient aussi bien que Walter de son compagnon de voyage Gérard Denis.

— Eh bien, maître, continua le roi, la spéculation dont j'ai été le confident a-t-elle réussi?

— Oui, Sire, et je dois même dire que je crois que votre gracieuse compagnie m'a porté bonheur, car tout ce que j'ai entrepris depuis m'a aussi bien réussi que cette contrebande...

— Ainsi, le commerce va bien.

— Oui, Monseigneur; mais Votre Altesse doit penser que ce n'est pas une affaire de commerce qui m'amène ici.

— Mais, en tous cas, c'est une affaire?

— Oui, Monseigneur, et si je viens, c'est dans l'intérêt de Votre Altesse, et pour lui rendre un service.

— Je suis heureux, maître Gérard, que tout, depuis mon premier voyage, vous ait réussi à ce point, que vous puissiez, aujourd'hui, rendre un service au roi d'Angleterre.

Gérard comprit, à la réponse du roi, que celui-ci ne traiterait pas de puissance à puissance avec lui comme avec d'Artevelle, et qui sait de combien cette différence que le roi faisait entre les deux hommes augmenta la haine de Gérard contre le ruthwaert.

—Quoi qu'il en soit, Monseigneur, ré-

pliqua le tisserand, et si loin de vous que
je sois, par cela même que je n'habite
pas les mêmes sphères que vous, il est
des choses que je vois et qui échappent
à vos regards, cachées qu'elles sont par
les intérêts de ceux qui ont l'honneur de
vous approcher. C'est sur ces choses-là
que je voulais vous éclairer, Sire, et personne ne le pouvait faire mieux que moi;
voilà pourquoi je me suis permis de venir à vous, non plus en ambassadeur de
d'Artevelle, mais comme mon propre
ambassadeur.

— Parlez, maître Gérard, parlez.

— Puisque vous voulez bien vous rappeler, Sire, le voyage que j'ai eu l'hon-

neur de faire avec vous, peut-être vous
rappelez-vous aussi ce qu'à cette époque
même je vous dis de d'Artevelle : que sa
puissance ne durerait pas longtemps, et
qu'il y avait à Gand des gens qui feraient,
aussi bien et mieux que lui, avec Édouard
d'Angleterre, tous les traités de politique
et de commerce qui seraient à la convenance d'un aussi grand roi.

— C'est vrai; je m'en souviens.

— Je me rappelle même, Monseigneur,
continua Gérard comme s'il eut voulu
bien faire voir au roi qu'il n'avait oublié
aucun des détails de la route qu'il avait
faite en sa compagnie, je me rappelle
même qu'au moment où je vous disais

cela, vos yeux se fixèrent sur un faucon qui chassait un héron, et que le héron vaincu, vous prîtes l'oiseau chasseur au bec duquel vous passâtes une bague d'émeraudes d'un grand prix. Vous gardâtes même le faucon, ce qui étonna fort celui qui venait le réclamer et ce qui m'étonna beaucoup aussi.

— C'est vrai encore, murmura Édouard à qui ce souvenir rappelait Alix de Granfton et l'inquiétude où le laissait la disparition du comte de Salisbury, c'est vrai encore, continuez, maître.

Et le roi se leva et se promena à grands pas en passant de temps à autre la main sur son front.

— Eh bien, Sire, ajouta le tisserand en se levant à son tour, ces hommes que je vous prédisais alors existent réellement aujourd'hui, et la puissance du brasseur est si violemment ébranlée que demain, peut-être, il sera forcé de fuir comme un criminel, si quelque bon coup d'arbalète ne l'arrête en chemin.

— Et sans doute à la tête de ces hommes se trouve maître Gérard Denis.

— Oui, Sire.

— Et le nouveau chef vient sinon imposer du moins offrir ses conditions au roi d'Angleterre.

— Non, Sire, il vient seulement avertir le roi Édouard que d'Artevelle a pris

un engagement qu'il ne pourra tenir, et
que ceux à la tête desquels se trouve Gérard Denis ne veulent d'autre souverain
que leur souverain légitime, à moins.....

— A moins...

— A moins que celui qui les commande
ne veuille autre chose, ou ne trouve un
moyen de tout concilier.

— Et ce moyen?

— Je l'ai, Sire.

— Et puis-je le savoir?

— Certainement, Sire, mais vous me
permettrez de vous le taire jusqu'au moment où, au lieu d'être une probabilité, il
pourra devenir une certitude.

— Ainsi la conclusion de cette entrevue ?

— Est, Monseigneur, que, quoiqu'il arrive, la Flandre tiendra à grand honneur l'alliance de l'Angleterre, et que, si jamais elle dépend de moi, cette alliance sera certaine.

— Si toutefois l'Angleterre l'accepte.

— Et quel intérêt l'Angleterre aurait-elle à la refuser.

— L'Angleterre n'a pas seulement des intérêts, maître Gérard, elle a des amitiés Jacques d'Artevelle a été jusqu'ici l'allié fidèle et l'ami dévoué du roi Edouard III, et il se peut que s'il arrive malheur au ruthwaert, le roi d'Angleterre embrasse sa cause et essaie de le venger comme il commence déjà à venger en France ceux que Philippe VI a fait mourir, parce qu'ils étaient ses alliés. Cependant nous prendrons conseil des circonstances, maître Gérard. En attendant, je suis ici sur l'invitation de Jacques d'Artevelle, que je quitte à l'instant, et jusqu'à ce qu'il ait manqué à ses promesses je ne manquerai pas aux miennes, et encore saurais-je, le cas échéant, faire la part des évènements dont il aura pu être la victime.

— Sire, vous attendez, demain, une députation des conseillers?

— Oui.

— Cette députation vous répétera ce que je viens de vous dire : que rien ne se peut faire sans l'assentiment de la communauté.

— Nous attendrons, maître. La patience est l'éternité des rois.

Il était clair qu'Édouard III accepterait le secours de Gérard Denis, dans le cas où ce secours lui deviendrait utile, mais il était trop bon politique pour s'engager à rien tant que le brasseur était encore le chef de la Flandre.

Le lendemain, les conseillers arrivèrent à bord de la Catherine. Depuis quelques instants d'Artevelle était auprès du roi.

— Cher Sire, dit l'un des conseillers qui prit la parole au nom des autres, vous nous requérez d'une chose bien dif-ficile, et dont plus tard le pays de Flandres pourrait nous demander comp-te. Certes, il n'y a pas aujourd'hui sei-gneur que nous voudrions autant avoir pour maître que votre fils, le prince de Galles ; mais cette chose que nous dési-rons, nous ne pouvons l'accomplir seuls, et il nous faut le consentement de toute la communauté de Flandre. Chacun se retirera donc dans sa ville, réunira les suffrages, et ce que la plus saine partie des Flamands voudra, nous le voudrons. Dans un mois nous serons ici, et nous vous répondons, Sire, que notre retour vous causera grande joie.

— Qu'il en soit fait ainsi, repliqua le roi. Un mois encore, je vous attendrai.

La députation se retira, et Jacques d'Artevelle resta avec le roi. Jacques était de plus en plus soucieux.

— Eh bien! que dites-vous de cela, compère, demanda Edouard l'ancien brasseur; et ne craignez-vous pas maintenant de m'avoir fait venir pour rien?

— Ah! ah! Sire! j'ignore ce que vous aurez à regretter pour vous, mais je sais qu'outre beaucoup d'autres raisons encore, j'aimerais mieux, surtout mainte-

nant, être dans les habits du roi d'Angleterre que dans les miens.

— Vous n'êtes pas ambitieux, maître,
répondit en souriant Édouard III. Ce que
l'on dit est-il donc vrai ?

— Et que dit-on, Sire ?

— On dit que Jacques d'Artevelle n'est
ni aussi aimé ni aussi influent, aujour-
d'hui, qu'il l'était autrefois.

— Et pourquoi, mon Dieu ?

— On accuse maître d'Artevelle de dé-
posséder peu à peu son seigneur légitime, le comte Louis, ce qui ne serait
peut-être rien, si maître Jacquemart n'a-
vait mis la main sur certain trésor de
Flandre, et ne l'avait employé sans en

rendre compte, ce qui ferait croire qu'il n'a pas eu tout-à-fait la destination qu'il devait avoir. Il en résulte, qu'à l'heure qu'il est, on conspire peut-être contre Jacques d'Artevelle, tout comme si d'Artevelle était un souverain naturel.

— On conspire, fit Jacques en pâlissant malgré lui.

— On le dit.

— Et qui dit cela, Sire.

— Le vent qui vient de Gand.

— Monseigneur, vous avez vu le tisserand Denis.

— Peut-être.

— Cet homme vous trahira, Sire.

— Qui vous dit que je l'aie vu, maître,

et même l'ayant vu, qui vous dit que je
me sois fié à lui?

— Alors, Sire, il faut que vous m'aidiez
à déjouer ses complots, et à faire triompher le prince de Galles.

— Je ne suis venu que pour cela et, à
dire vrai, je crains bien de m'être déran-
gé inutilement.

— Non, Sire, vous réussirez si vous
voulez me venir en aide.

— Que faut-il faire?

— Il faudrait, Sire, me donner quatre
cents hommes pour faciliter l'exécution
de vos projets et faire main-basse sur
nos ennemis, car nous en avons.

— Et augmenter d'autant la garde qui doit défendre Jacques d'Artevelle.

— Ah ! Sire, qui conserve d'Artevelle conserve votre allié et défend vos prétentions.

— C'est juste. Eh bien, je vous donnerai quatre cents hommes.

— Je les ferai entrer de nuit à Gand, et au retour des conseillers, si les évènements sont contre nous, nous forcerons les événements.

— Puissamment raisonné, maître, et c'est alors que l'homme de conseil fera place à l'homme d'action, fit le roi qui ne semblait pas avoir grande confiance dans le courage de son compère.

— Oui, Sire.

— Eh bien, dès ce soir, les quatre cents hommes seront à votre disposition.

— Et dès ce soir, Sire, ils entreront à Gand.

— Quoiqu'il arrive, ajouta Édouard, je suis là pour vous protéger, maître, et si l'on vous tue, je vous vengerai, je vous le promets.

Et, en disant cela, le roi tendait cordialement la main au ruthwaert.

Mais à ce mot que venait de prononcer Édouard, d'Artevelle avait pâli de nouveau, et sa main tremblait dans la main royale.

— Allons, je ne m'étais pas trompé, pensa Édouard, cet homme a peur.

— Il me vient une idée, dit le roi tout haut.

— Laquelle, Sire.

— C'est d'ajouter cent hommes encore aux quatre cents autres, car je crois que vous ne serez jamais trop bien gardé.

D'Artevelle ne put s'empêcher de baiser la main du roi.

— Ah! mon pauvre fils, murmura Édouard en s'éloignant du brasseur, si vous êtes jamais seigneur de Flandre par le secours de maître Jacquemart, cela m'étonnera bien.

Le soir même, d'Artevelle aborda avec la troupe que lui avait promise Édouard, et pendant la nuit il la fit entrer à Gand.

Mais au moment où il franchissait la porte de la ville, un homme qui venait de le reconnaître s'éloignait dans l'ombre.

Cet homme était Gérard Denis qui, sachant que d'Artevelle n'était pas revenu à terre avec les conseillers, s'était douté de quelque surprise et guettait depuis longtemps déjà le retour du Brasseur.

Les cinq cents hommes d'Édouard entrèrent dans la ville, et d'Artevelle, ramené par ce dernier, regagna son hôtel.

Cependant la ville se réveilla le lendemain avec une certaine agitation.

Dès le matin grands et petits furent convoqués sur la place du Marché, et celui des conseillers qui la veille avait pris la parole à bord de la *Catherine,* et avait fait part à Édouard des moyens à employer pour la réussite de ses projets, harangua le peuple dans le même sens, et lui annonça que le roi d'Angleterre amenait avec lui le prince de Galles auquel d'Artevelle avait promis la Flandre.

Alors ce fut une réprobation générale, et le peuple s'écria en masse qu'il ne déshériterait pas son seigneur naturel pour le fils d'Édouard III.

C'était ce que Gérard Denis était venu dire la veille au roi.

Aussi ne serons-nous pas étonnés de retrouver là le tisserand alimentant de son mieux la discorde naissante et haranguant le peuple à son tour.

—Résignez-vous tout de suite, mes amis, disait Gérard, car il faudrait vous résigner plus tard.

—Que voulez-vous dire? s'écria-t-on.

—Je veux dire que d'Artevelle est le plus fort, et que cette fois, comme toujours, il vous imposera sa volonté.

— Non, non.

—Il a prévu le cas de rébellion et ses précautions sont prises.

— Qu'a-t-il fait?

— Il a demandé au roi d'Angleterre un renfort de mille hommes, excellents archers qui sont entrés cette nuit dans la ville, et qui appuieront par tous les moyens les prétentions du roi et de Jacquemart.

Comme on le voit, Gérard mentait de cinq cents hommes; mais c'est bien peu de chose quand il s'agit de faire triompher ses opinions.

Une sorte de stupeur s'empara des assistants.

— Et ce n'est pas tout, continua Gérard, d'Artevelle n'a pas pris pour rien le trésor de Flandre, et il est gardé comme un roi.

— Mort au traître ! cria-t-on de toutes parts.

Gérard voulut continuer sa harangue, mais sa voix fut bientôt couverte par les cris de toute la populace qui demandait la tête du brasseur.

— A son hôtel ! crièrent tous ces furieux qui se ruèrent comme une marée vers l'hôtel de Jacquemart.

Quand d'Artevelle entendit ces rumeurs sourdes d'abord comme un ouragan lointain; puis précipitées et violentes comme le bruit du tonnerre qui se rapproche, il eut peur.

Puis il fit fermer et barricader les portes et les fenêtres.

Il était temps.

A peine les valets avaient-ils obéi à cet ordre de leur maître, que la populace environna l'hôtel.

Cependant la maison était bien gardée.

Cent quarante ou cent cinquante hommes l'occupaient et la défendaient vaillamment; mais ils ressemblaient à ces Gaulois qui croisaient leurs flèches avec la foudre, et quoiqu'à chacun de leurs traits un ennemi tombât, le flot se resserrait et les vagues humaines semblaient s'augmenter encore.

D'Artevelle comprit qu'il n'y avait

pas de résistance à opposer, et que si cette foule entrait dans son hôtel, il serait massacré sans pitié ni merci.

Alors il appela à son aide son habileté d'autrefois ; mais en ce moment la peur le dominait, et au lieu d'être adroit, il ne fut que lâche.

Il ouvrit donc une fenêtre et se montra au peuple.

Ce furent d'abord des cris de rage et de mort, devant lesquels le pauvre Jacquemart tremblait de tous ses membres ; mais quelques voix se firent entendre disant :

— Il veut parler, écoutons-le ; et peu à peu le silence se rétablit tout prêt à s'interrompre par des menaces et des huées.

— Bonnes gens que vous faut-il? demanda d'Artevelle. Qui vous agite ainsi? pourquoi m'en vouloir tant? comment puis-je vous avoir courroucés. Dites-le moi, et je m'en amenderai pleinement à votre volonté.

Un rire universel et des pierres accueillirent cette première partie du lamentable discours de d'Artevelle, mais comme quelques secondes auparavant, le silence se rétablit de nouveau.

— Nous voulons avoir compte du trésor de Flandre, que vous avez volé, s'écria Gérard Denis.

Jacquemart reconnut la voix de son

ancien ambassadeur, et il crut qu'en s'adressant à lui, isolément, il avait plus de chance d'obtenir quartier, qu'en implorant cette foule irritée et inintelligente.

— Comment, mon bon Gérard, te voici parmi ceux qui me veulent mal; toi, qui me connais, dis-leur donc que je n'ai rien fait pour les irriter.

— Tu as dilapidé le trésor.

— Oui, oui, jurèrent tous ces hommes.

— Mes amis, mes bons amis, cria d'Artevelle, d'une voix étranglée par la peur, rentrez en vos maisons et revenez demain au matin, d'aussi grand matin

que vous voudrez, et je vous rendrai
tous les comptes que vous tièndrez à
avoir.

— Tout de suite, tout de suite, fut le
cri général.

— Tu te sauverais d'ici à demain, dit
une voix.

— Ou tu nous ferais tuer par les mille
hommes du roi Édouard.

— Le roi Édouard ne m'a pas donné
mille hommes.

— Tu mens, cria Gérard.

— Il ne m'en a donné que cinq cents,
dit Jacques, avec des larmes dans les
yeux.

— Il l'avoue, il l'avoue, hurlèrent les assaillants.

— Je les congédierai, dit Jacquemart, Mais nul ne put l'entendre, car de nouveau, le flot battait les portes de l'hôtel et les pierres brisaient les fenêtres.

Alors l'ex-brasseur tomba à genoux et tout en sanglottant, il s'écria :

—Seigneurs, c'est vous qui m'avez fait, ce que je suis. Vous me jurâtes jadis que contre tous les hommes, vous me garderiez et me défendriez, et voilà qu'aujourd'hui vous me voulez tuer sans raison. Vous le pouvez faire puisque je suis seul contre vous tous, et n'ai point de défense. Mais considérez un peu le bien que je vous ai fait et que je puis vous faire encore.

Peu à peu le silence s'était rétabli.

— Descendez, descendez, criait-on, car vous ne nous pouvez parler de si haut, et nous voulons vous entendre. Nous voulons savoir ce qu'est devenu le grand trésor de Flandre que vous avez gouverné trop longtemps sans en rendre compte. Descendez, descendez.

— Je descends, dit d'Artevelle, et il ferma la fenêtre.

Mais il paraît que les comptes qu'il avait à rendre étaient embrouillés, et qu'il aimait mieux ne pas se confier aux chances de la discussion, car il songea à se sauver par derrière et à se réfugier en une église attenant à son hôtel.

Mais, ceux d'en bas, ne le voyant pas venir, se doutèrent de quelque couardise, et se portèrent en foule sur l'autre côté de l'hôtel.

Ils virent en effet que Jacques voulait fuir, et comme cette fuite était pour eux la preuve de ce dont ils l'accusaient, ils se précipitèrent sur lui, et le frappèrent malgré ses cris et ses larmes.

Le malheureux ruthwaert roula à leurs pieds, et il respirait encore, lorsque Gérard Denis s'approcha de lui.

En voyant venir celui qu'il avait longtemps regardé comme son ami, le brasseur réunit toutes ses forces, et lui dit :

—Gérard, mon bon Gérard, sauve-moi.

Alors le tisserand s'approchant du moribond, lui planta jusqu'au manche son couteau dans la gorge, et Jacques mourut sans avoir poussé un cri.

« Ainsi finit Artevelle, dit Froissard, qui en son temps fut un grand maître en Flandre : Povres gens l'amontèrent premièrement, et méchants gens le tuèrent en la parfin. »

Edouard apprit aussitôt ce qui venait de se passer à Gand, et le soir même il fit voile pour l'Angleterre, fort irrité de ce qui venait d'avoir lieu, et jurant qu'il vengerait d'une façon exemplaire la mort de son compère d'Artevelle.

Lorsque Gérard Denis apprit le départ du roi et les menaces qu'il avait faites en partant, il demanda qu'une ambassade fut envoyée à Édouard, afin de détourner de la Flandre la colère d'un roi si puissant et qui s'était montré son allié sincère.

En conséquence, les conseillers qui étaient venus trouver Édouard au port de l'Écluse, partirent pour Londres.

Le roi était à Westminster lorsqu'on vint lui annoncer que les députés d'Ypres, de Bruges, de Courtray, d'Aude narde demandaient à être introduits auprès de lui.

Le roi, un peu revenu de sa première colère, les reçut.

Alors ils commencèrent à s'excuser de la mort de d'Artevelle, jurant que comme ils étaient déjà partis pour recueillir les assentiments nécessaires à Édouard, ils n'avaient rien pu savoir ni empêcher de ce qui avait eu lieu, ajoutant qu'ils étaient désolés et courroucés de ce malheur, et qu'ils regrettaient sincèrement la mort du ruthwaert qui les avait toujours sagement gouvernés.

— Cependant, Sire, ajoutèrent les députés, la mort de d'Artevelle ne vous peut

ôter la confiance et l'amour des Flamands, quoiqu'il vous faille maintenant
renoncer à l'héritage de Flandre, dont
ils ne peuvent frustrer le comte Louis,
qui est encore à Tenremonde, et qui bien
que joyeux de la mort de Jacques qui
avait fini par usurper son pouvoir, n'ose
encore revenir, mais qui se rassurera
bientôt et reviendra à Gand.

Comme Édouard ne répondait rien
aux ambassadeurs et paraissait irrité de
plus en plus de la mort de son compère
qui lui faisait perdre ses espérances sur
la Flandre, un de ceux qui se trouvaient
là, et qui n'avait encore rien dit, s'approcha de lui en disant :

— Il y a peut-être moyen de tout concilier, Monseigneur.

— Et quel est ce moyen?

Les autres députés se retirèrent dans
le fond de la salle, comme s'ils avaient
compris qu'ils n'avaient rien à ajouter à
ce qu'allait dire leur compagnon.

— Vous vous souvenez, Sire, de la visite que vous fit Gérard Denis à bord de
la Catherine ?

— Et je me souviens aussi que c'est ce
même Gérard Denis qui a tué de sa propre main celui qu'aujourd'hui je veux
venger.

— Sire, il y a des homicides agréables

à Dieu quand ils sont utiles à toute une nation.

— Enfin, ce Gérard Denis ?

— M'a remis un message pour vous, Monseigneur, et qui achèvera peut-être de nous concilier votre grâce.

Et en disant cela, le Flamand remettait au roi une lettre que celui-ci déplia et qui contenait ces mots :

« Sire,

« Dieu en a décidé autrement que vous le pensiez des destinées de notre pays. Aujourd'hui le prince de Galles ne peut plus prétendre à l'héritage de la Flandre. »

— Mais cette lettre est inutile, interrompit Édouard, puisqu'elle ne fait que confirmer ce que l'on m'a dit tout-à-l'heure.

— Veuillez continuer, Sire, se contenta de répondre l'envoyé du tisserand.

Le roi reprit donc :

« Mais, Sire, vous avez de beaux enfants, fils et filles : votre fils aîné ne peut manquer d'être un grand prince, même sans l'héritage de Flandre, et vous avez une fille puînée, et nous avons un jeune damoisel que nous nourrissons et gardons et qui est héritier de Flandre, si se pourrait bien encore faire un mariage entr'eux, ainsi demeurerait toujours la comté de Flandre à l'un de vos enfants. »

— Allons, murmura Édouard en souriant, maître Gérard Denis a hérité de l'esprit de Jacques d'Artevelle.

— Que répondrai-je, Sire? demanda l'envoyé.

— Vous répondrez, Messire, dit le roi, qu'Édouard III oubliera le mal et ne se souviendra que du bien.

« En effet, d'Artevelle fut oublié, dit M. de Châteaubriand, comme tous ceux dont la renommée n'est fondée ni sur le génie ni sur la vertu. »

Cependant la fortune semble oublier un peu Édouard. Il y a dans ses partisans et dans son armée défection et défaite.

En effet, Philippe fait offrir par le comte de Blois, à Jean de Hainaut, de lui donner autant de revenus qu'il en a en Angleterre, s'il veut s'allier à la France. Jean de Hainaut avait passé sa jeunesse en Angleterre et aimait Édouard. Il demanda donc à réfléchir. Du moment où, malgré son amitié pour le roi d'Angleterre, Jean réfléchissait, il y avait des chances pour qu'il acceptât les propositions de Philippe. En outre, le comte de Blois, son gendre, le fit presser par son ami le seigneur de Flagnoelles.

Or il arriva justement qu'à cette époque il y eut des difficultés en Angleterre pour les fiefs que Jean y avait, ce qui acheva ses irrésolutions et le fit passer à Philippe qui le récompensa dignement.

Aussitôt Philippe ordonna aux seigneurs, chevaliers et gens d'armes, de se trouver à jour dit à Orléans et Bourges, parce qu'il voulait envoyer le duc de Normandie, son fils aîné, pour repousser les Anglais, qui, conduits par le comte de Derby, envahissaient la Gascogne.

Le duc Eudes de Bourgogne et son fils, le comte d'Artois et de Boulogne, vinrent trouver le roi et offrirent mille lances. Puis vinrent le duc de Bourbon et messire Jacques de Bourbon son frère, comte de Penthièvre, suivis de leurs gens d'armes. Vinrent ensuite le comte de Tancarville, le dauphin d'Auvergne, le comte de Forez, le comte de Dammartin, le comte de Vendôme, le sire de Coucy, le sire de Craon, le sire de Sully, l'évêque de Beauvais, Jean de Marigni, le sire de Piennes, le sire de Beaujeu, messire Jean de Châlons, le sire de Roye, et tant de barons et de chevaliers qui s'assemblèrent à Orléans ou allèrent camper devant Bourges et Toulouse vers la Noël 1345.

Le duc de Normandie, avec le sire de Montmorency et le sire de Saint-Venant ses maréchaux, firent commencer l'attaque du château de Miremont que les Anglais avaient pris ; ce château était gardé par un capitaine anglais et un écuyer nommé Jean de Bristo ; l'attaque fut rude, la défense énergique, mais Louis d'Espagne était là avec les Génois, et force fut aux Anglais de se rendre. Les représailles commencèrent, un grand nombre de ceux qui se rendaient furent mis à mort.

On laissa dans le château des gens reposés pour le garder, puis on alla devant Villefranche.

Les Français assaillirent la ville dont le capitaine était absent et qui fut aussitôt prise ; ils partirent alors pour Angoulême, laissant le château sans l'abattre, ce dont ils devaient se repentir bientôt.

Angoulême était commandée par le capitaine Jean de Nortich.

Quand le comte de Derby apprit les désastres des Anglais et la sottise que les vainqueurs avaient faite de laisser le château debout, il y envoya des gens d'armes, leur ordonnant de bien se défendre, et ajoutant qu'il irait les secourir si besoin était. Puis, il en voya à la forteresse d'Aiguillon, Gautier de Mauny, Jean de Lille et autres, leur recommandant de tenir vigoureusement.

Ils partirent bien quarante chevaliers et trois cents armures emportant des vivres pour le siège, ce siège dût-il durer six mois.

C'est alors que le duc de Normandie comprit la faute qu'il avait faite en n'abattant pas le château de Villefranche.

Il s'en inquiétait d'autant plus qu'il ne pouvait arriver à prendre Angoulême. Il ordonna donc aux gens d'armes de se loger près de la ville.

Le sénéchal de Baucaire offre au duc de faire prendre des vivres dans le pays, ce que le duc accepte. Le sénéchal prend six cents hommes d'armes et s'en va jusqu'à Ancenis, ville nouvellement rendue aux Anglais. Arrivé là, le sénéchal avec soixante hommes seulement, va pour prendre des troupeaux aux Anglais qui les poursuivent, et qui, en les poursuivant, tombent au milieu de l'armée des Français, embusqués pour les attendre. Cette ruse réussit à merveille, car les six cents hommes revinrent, ramenant au duc [de Normandie un grand nombre de prisonniers.

Pendant ce temps, Jean de Norvich voyant que le duc ne leverait pas le siège d'Angoulême, fit demander une trève pour le jour de l'Annonciation. Elle fut accordée. Alors, dès le point du jour, le capitaine Jean de Norvich, fit armer tous ses gens et les fit sortir de la ville, traverser le camp français, et se retirer à Aiguillon, où ils furent reçus avec joie.

Les gens d'Angoulême décident alors en conseil, qu'ils se rendront au duc de Normandie. Celui-ci les reçut à merci, il installa dans la ville un capitaine nommé Jean de Villiers, et cent soudoyers avec lui.

Le duc se rendit ensuite devant le château de Damassa, qui fut pris, et dont toute la garnison fut tuée. Il y établit un écuyer de Beauce, nommé le Borgne de Milli. De là, il se rendit devant Jonneins, dont le siège dura longtemps.

Bref, les Anglais se rendirent par composition, leurs corps et leurs biens saufs; les habitants demeurèrent en l'obéissance du duc de Normandie, qui, après avoir pris le port Sainte-Marie qui était gardé par des Anglais, y laissa des gens d'armes et alla vers Aiguillon.

Il mit cent mille gens d'armes devant Aiguillon.

Il y avait deux assauts par jour. Le siège dura six mois.

Le duc alors commanda de faire un pont pour traverser l'eau et arriver jusqu'à la forteresse. Trois cents charpentiers travaillaient jour et nuit. Quand le pont fut avancé, ceux d'Aiguillon le défirent.

On le recommença, mais les Français entourèrent si bien les ouvriers, que

Gautier de Mauny et ses gens d'armes ne purent les empêcher d'achever.

Toutes les semaines on trouvait un moyen nouveau pour assaillir le château d'Aiguillon. Un jour en revenant de chercher des troupeaux, Charles de Montmorency et Gautier de Mauny se rencontrèrent. L'occasion était belle pour deux braves chevaliers. Il y eut combat. Les Francs étaient bien cinq contre un, mais ceux d'Aiguillon apprirent cette rencontre et vinrent au secours des leurs; les Francs furent tués, faits prisonniers, et Montmorency se sauva, laissant ses troupeaux aux Anglais.

Ce siège est un des plus étranges dont l'histoire ait gardé les détails ; quand on songe aux travaux que fit faire le duc de Normandie, on est effrayé.

Cependant les choses ne pouvaient en rester là. Le duc offre cent écus à celui qui pourra gagner le premier pont de la porte du château. Ce qui devait arriver, arriva ; les soldats français se précipitèrent en masse, les uns tombèrent à l'eau et un grand nombre fut tué par ceux d'Aiguillon.

Le duc fit faire une espèce de pont couvert pour approcher de la forteresse, mais les Anglais avaient fait faire des martinets, espèces de machines pour lancer des pierres, et ils en jetèrent de si grosses , qu'ils démolirent la couverture et que le chemin fut précipité dans l'eau, laissant un grand nombre de Français tués.

Les chevaliers français se désolaient de la longueur de ce siège , et n'osaient parler de le quitter, ayant entendu dire au duc qu'il ne s'en irait que sur l'ordre de son père. Alors, le comte de Guines, connétable de France , et le comte de Tancarville, prirent sur eux de se rendre en France, près de Philippe VI, et de lui dire à la fois les malheurs et le courage de son fils. Le roi en fut émerveillé, et dit que puisqu'on ne pouvait prendre ceux d'Aiguillon, par force, il les fallait prendre par famine.

Cependant, Édouard ayant appris que ses gens étaient battus et mal menés au château d'Aiguillon, et que le comte de Derby ne pouvait le secourir, prit le parti de lever une grosse armée et d'aller en Gascogne.

En ce moment, Godefroy de Harcourt, banni de France, arriva en Angleterre. Le roi et la reine le reçurent comme ils avaient reçu le comte d'Artois, lui donnant des biens considérables, et s'en faisant tout de suite, avec cette magnificence qui les distinguaient, un allié fidèle et dévoué.

Le roi fit part alors à Godefroy de la résolution qu'il avait prise d'aller au secours du comte de Derby, en Gascogne , lui demandant s'il l'accompagnerait dans cette expédition.

— Sire , lui répondit Godefroy , je suis tout à votre service, mais si vous me le permettez , je vous donnerai un conseil.

— Dites , Messire.

— Il me semble que jusqu'à présent le comte de Derby n'a pas eu besoin de votre secours , et qu'il est assez brave chevalier pour s'en passer encore. Laissez-le continuer sa besogne là-bas, Sire , et commencez la vôtre d'un autre côté. Le duc de Normandie est absent, profitez-en, Monseigneur, pour attaquer son pays.

— Eh bien! il sera fait comme vous le désirez, messire, répondit le roi, après avoir réfléchi quelque temps, et puisse Dieu entendre votre conseil et le faire venir à bien.

— Alors, monseigneur, nous partirons aussitôt, car j'ai hâte de vous voir réussir.

— Non, Messire, nous ne partirons pas avant que j'aie fait un pèlerinage qui me reste à faire, car si Dieu voulait qu'il m'arrivât malheur pendant cette expédition, je croirais que cet oubli en est la cause.

— Puis, murmura le roi, tout bas, il faut que je sache ce qu'ils sont devenus l'un et l'autre.

Le lendemain, le roi ordonna qu'on fît venir au port de Hantonne, un grand nombre de nefs et de vaisseaux.

Il fit appeler de tous côtés ses gens d'armes et chevaliers, et fixa le départ pour le jour de la Saint-Jean-Baptiste, c'est-à-dire, vers le 25 juin 1546.

Puis, sans escorte, seul avec ses souvenirs et ses craintes, Edouard III partit pour le château de Wark.

Ce n'était déjà plus ce roi jeune et bouillant tel que nous l'avons vu au commencement de cette histoire. Qui-

conque l'eût rencontré, n'eût pas reconnu en lui l'élégant chevalier des
tournois.

La politique et la guerre avaient pâli
son front et donné à ses yeux une sorte
de fixité rêveuse. Puis surtout en ce moment, Edouard qui ne savait au-devant
de quelles impressions il allait, redou-
tait malgré lui un malheur caché derrière les horizons qu'il lui fallait encore
dépasser.

Pas un jour ne s'était passé depuis
celui où il avait profité du sommeil
d'Alix sans qu'il songeât à cette femme,
et son amour s'était encore augmenté
par la possession.

Mais ce n'était plus un amour surpris qu'il lui fallait, ce n'était plus par un philtre qui n'avait jeté dans ses bras qu'une statue inanimée qu'il voulait à l'avenir posséder Alix, c'était par la réalité de sa passion, par la sincérité de sa parole, et il y avait des moments où Édouard eût donné son royaume d'Angleterre et ce beau royaume de France qu'il convoitait pour être aimé de la comtesse ne fût-ce qu'un jour, et pour que la passion vivifiât un instant ce beau corps dont le sommeil lui avait dévoilé les richesses.

Edouard avait cru autrefois que ces désirs soudains qui montaient de son cœur à sa tête, quand la robe de la comtesse touchait sa main, s'éteindraient dans la possession de la femme, et il s'était servi du moyen que nous avons vu. Mais Dieu n'a pas mis dans le cœur de l'homme l'amour, cette flamme divine, pour qu'elle pût s'éteindre au premier souffle de la matière, et, nous le répétons, depuis qu'il avait possédé la comtesse, Édouard ne songeait plus qu'à la posséder encore. Seulement il avait compris qu'il la lui fallait tout entière, avec ses aveux et ses expansions, sans quoi il se consumerait peut-être à ce feu intérieur qui s'était augmenté du premier aliment qu'il avait reçu.

Maintenant il allait seul avec ses pen-
sées loin de cette cour à laquelle il es-
sayait de faire son cœur impénétrable.

La campagne était immense; l'air pur
caressait son visage, il oubliait qu'il était

roi pour oublier qu'il n'était pas aimé.

Par moments, il lui semblait que là où il allait il était attendu, qu'il était un humble bachelier sans autre bonheur que l'amour de sa maîtresse, et que, pendant l'absence d'un mari jaloux, une blanche main allait lui ouvrir la grille d'une tour, prison pour la châtelaine, paradis pour l'amant.

Il allait poursuivant sa course et son rêve.

Le gracieux visage d'Alix empreint de ces terreurs qui, pour l'homme aimé, sont des confidences, lui apparaissait, et une nuit capable d'éclairer de son rayonnement toute la vie d'un homme, passait dans l'esprit du roi pleine de mystères et d'enchantements.

Parfois encore Édouard se rappelait qui il était et qui il allait trouver. Le vague espoir de son pardon le saisissait alors.

— La femme est un étrange problème, se disait-il, autant elle met de forces à cacher son amour avant de s'être donnée, autant elle avoue facilement les secrets de son âme une fois que son corps s'est livré. Peut-être Alix m'aimait-elle, peut-être n'osait-elle se le dire à elle-même, et me le cachait-elle avec terreur; mais maintenant qu'elle m'a appartenu, contre sa volonté, il est

vrai, peut-être mon souvenir préoccupe-
t-il sa pensée, et peut-être vais-je trouver en arrivant l'aveu d'un amour par-
tagé.

Et l'air qu'aspirait Édouard lui semblait imprégné de senteurs nouvelles et
d'arômes inconnus.

Mais il y avait aussi des moments où
une crainte secrète s'emparait du cœur
du roi. L'âme de la femme a beau être un
problème étrange, il est des femmes qui
ne dévient pas d'elles-mêmes de la route
que leur ange leur a montrée quand
elles entraient dans la vie, et qui meu-
rent le jour où une force impérieuse les
écarte de leur chemin; et malgré ses

rêves, Édouard était forcé de se rappeler de temps en temps qu'Alix était une
de ces femmes.

Les craintes du ni, qu'il chassait avec
des espérances, se représentaient à lui si
périodiquement qu'l en tressaillait.

Alors tout prenait un aspect nouveau
aux yeux du voyageur solitaire.

La campagne, ainsi que son cœur,
n'était plus qu'un inmense désert; le
château où il allait qu'une ruine, le nom
qu'il murmurait qu'un nom de morte.

Le rêve faisait place à la crainte, la
crainte se changeait en remords, et
Édouard, sondant l'horizon du regard,
semblait lui demander s'il fallait avan-

cer ou retourner en arrière, et s'il ne
valait pas mieux douer encore que d'affronter la réalité.

Cependant il avançait toujours.

Qnand il arriva au château de Wark,
le soleil était levé depuis deux heures,
et le château, inondé de lumière, était
loin d'avoir cet aspect sinistre que par
instants Édouard croyait lui trouver.

Le soleil éclairait ardemment les vi-
traux, et la nature, parée d'un de ses plus
beaux jours d'été, resplendissait à l'en-
tour.

Malgré lui le roi conçut une grande
joie de ce qu'il voyait.

Le cœur est si craintif qu'il a presque

toujours besoin des pressentiments extérieurs, et l'âme qui s'éclaire parfois de
la sérénité du dehors, admet difficile-
ment la possibilité d'un chagrin au sein
d'une nature jeune, chaude et parfumée.

Édouard arriva à la porte du château
qui lui fut ouverte comme toujours.

Il demanda en tressaillant à voir la
comtesse, et le valet s'éloigna après avoir
fait monter le roi dans un des apparte-
ments avoisinant celui d'Alix.

Quelques instants après le valet re-
parut en disant ?

—Monseigneur, la comtesse va se
rendre ici dans quelques instants.

Le roi s'assit.

Rien n'était plus changé au dedans qu'au dehors.

Il y avait peut-être dix ninutes que le roi attendait, lorsque Alixparut.

Elle était plus belle qu'elle n'avait jamais été, seulement elle était d'une pâleur de marbre.

Elle n'était pas vêtue de noir et portait au contraire un costume éclatant.

Edouard recula de deux pas en la voyant s'approcher, car elle avait plus l'air d'une apparition que d'une réalité.

— Vous, dans ce château, Sire, dit la comtesse avec un sourire auquel ses lèvres ne semblaient plus habituées, savez-vous que ce m'est un grand honneur que je m'attendais peu à avoir.

— Madame, répondit le roi, je vais partir pour une de ces expéditions dont un roi peut ne pas revenir, et, avant de partir, je voulais vous voir une dernière fois.

— Une dernière fois, vous avez raison de parler ainsi, Monseigneur, dit Alix en levant les yeux au ciel, car qui sait lorsqu'on se quitte si jamais on se reverra.

Et la comtesse portant la main à son front comme si elle eût ressenti une douleur, se laissa tomber plutôt qu'elle ne s'assit sur un siége à côté de celui du roi.

— Pourquoi, fit celui-ci, me parlez-vous de ce ton amer. Dieu vous garde encore de longues années, Madame, vous êtes jeune, vous êtes belle et votre vie n'est pas entourée des écueils qui avoisinent celle d'un roi.

— Vous croyez, Monseigneur.

— Surtout lorsque, comme vous, Alix, on est aimée d'un homme jeune, noble et puissant.

— Le comte de Salisbury ne reviendra jamais ici, Monseigneur.

— Je ne vous parle pas du comte, Alix, vous le savez bien.

— Et de qui parlez-vous donc, Sire?

— D'un homme qui vous aime.

— Au point d'affronter un remords,

n'est-ce pas, Monseigneur, c'est cela que vous voulez dire ?

— Écoutez, Alix, dit le roi en se rapprochant de la comtesse, et en prenant une de ses mains froides comme la glace qu'Alix lui abandonna comme si sa pensée eût été ailleurs, écoutez, j'étais loin de vous, et je ne vivais plus que de corps; ma vie était restée ici. Oh ! combien triste et vide est la gloire d'un roi, Madame, quand il n'a pas pour la partager le cœur qu'il a choisi et qu'il aime. Alors elle est plus lourde que les plus lourds fardeaux, car elle est inutile. Oui, j'ai affronté un remords pour vous, Alix, mais un remords qui peut se changer en une éternité de bonheur si vous dites un mot. Dieu vous eût-il mise si belle à côté de moi, et eût-il versé dans mon cœur cet intarissable amour, s'il n'avait voulu nous réunir. Qu'ai-je fait à Dieu pour qu'il me refuse cette joie sans laquelle ma vie n'est plus qu'une chose stérile. Qu'a-vez-vous, Alix, vous pâlissez?

— Je vous écoute, Monseigneur. Il arrive un moment où l'on peut tout écouter.

— Dites-moi, Alix, que vous me pardonnerez ce dont vous m'accusiez tout-à-l'heure.

— Il arrive une heure, Sire, où l'on pardonne tout.

— Que voulez-vous dire, s'écria le roi
effrayé de la pâleur de la comtesse et du
ton dont elle avait dit ces dernières paroles.

Je veux dire, Monseigneur, qu'en effet
Dieu avait le pouvoir de me faire heureuse et qu'il ne l'a pas fait, voilà tout.

— Alix, il n'y a douleur si grande qui
ne s'oublie un jour.

— Monseigneur, l'âme qui comprend
les amours infinies admet les douleurs
éternelles.

— Mais cependant, Alix, votre deuil a
cessé.

— Qui vous le dit.

— Ces vêtements qui vous couvrent.

— Oh ! Sire, que votre âme est peu savante en douleurs, puisque vous vous fiez au deuil des vêtements, sans regarder même la pâleur du visage et sans chercher les plaies du cœur.

— Alors pourquoi ces vêtements?

— Parce que, Sire, je ne voulais pas attrister d'un deuil trop apparent le gracieux roi qui daigne me visiter, et que je ne voulais pas laisser de remords trop profonds dans l'esprit de celui qui a brisé ma vie pour un caprice.

— Alix !

— Vous parti, Monseigneur, je reprendrai mes vêtements de deuil, et pour l'éternité, je vous le jure.

—Et si le comte revient, demanda le roi?

—Il ne reviendra pas, Sire.

Et la comtesse se levant, s'approcha à moitié défaillante d'une table, et remplissant d'eau une coupe d'or, elle la vida ardemment.

—Vous souffrez, Madame, dit Édouard en se levant à son tour et presque épouvanté de l'agitation d'Alix.

— Non, Monseigneur, fit-elle en se rasseyant, je suis prête à vous entendre encore.

Alors le roi se jeta aux genoux d'Alix; et prenant ses mains dans les siennes.

—Vous me pardonnerez, Alix, continua-t-il, en échange de ce que j'ai souffert ; croyez-moi, il y a encore pour vous du bonheur en ce monde, et ce bonheur je veux que vous me le deviez. Vous quitterez ce château sombre, plein de souvenirs amers et de fantômes désolés, vous reviendrez à la cour plus belle, plus enviée que jamais. Si vous saviez, Alix, depuis la dernière visite que j'ai faite à ce château, dit le roi à voix basse, si vous saviez de quels rêves mes nuits sont peuplées. Rien ne peut faire que vous ne soyez à moi ; et puisque j'ai commis presqu'un crime pour vous posséder, vous devez voir jusqu'où peut aller mon amour. Alix, soyez à moi encore, et tout

ce qu'un roi peut donner, tout ce que
l'âme souhaite en ce monde, vous l'aurez. Votre puissance sera sans bornes
comme mon amour, votre fortune sans
rivale comme votre beauté ; ou bien,
aimez-vous mieux, Alix, que j'abandonne tout, travaux passés, ambitions,
avenir ; voulez-vous que le roi d'Angleterre ne soit plus qu'Édouard, et qu'É-
douard se retire avec vous au fond de
quelque château isolé, dans quelque
pays désert, où il n'y aura que nous et
Dieu ; tout ce que vous voudrez, Alix,
je suis prêt à le faire, ordonnez ?

— C'est bien, Sire, répondit Alix avec
un sourire empreint d'une indulgence

céleste, je vous pardonne, car vous m'aimez peut-être, et si vous aviez su que
votre amour dût me tuer, peut-être
n'auriez-vous pas fait ce que vous avez
fait.

Vous m'offrez, continua Alix d'une
voix affaiblie, des biens dont une autre
serait heureuse et fière, mais qui sont
bien petits à côté des biens éternels dont
j'ai fait désormais toute mon ambition,
au lieu de tout cela, promettez-moi de
faire ce que je vais vous dire.

— Parlez, Alix.

— Peut-être un jour reverrez-vous le
comte de Salisbury, Monseigneur; promettez-moi alors de lui dire que je suis

morte parce qu'il ne m'avait pas par-
donné une faute dont vous seul étiez cou-
pable; vous lui direz, Monseigneur, que
vous m'avez vu mourir et que je suis
morte en le bénissant et en priant Dieu
pour lui.

Alix épuisée ferma les yeux sous la
douleur.

— Que signifie tout cela? murmurait
le roi, vous mourir, vous Alix, vous que
j'aime, vous êtes en délire, au nom du
ciel, Alix, parlez-moi.

La comtesse fit un mouvement et prenant la main du roi elle lui dit :

— Monseigneur, donnez-moi votre
bras pour aller à cette fenêtre ; je veux

voir une dernière fois le sourire de Dieu sur la terre.

Le roi obéit machinalement et Alix froide et le corps agité de tressaillements soudains, s'appuya sur une des fenêtres d'où la vue s'étendait sur un horizon sans bornes, plein de fleurs, et de chaudes haleines.

— Qui m'eût dit, Sire, le jour où je faisais un vœu en faveur de celui que j'aimais, que peu de temps après ce vœu accompli, je mourrais abandonnée de mon époux et soutenue par le bras de celui qui me faisait mourir.

— Alix, vous m'épouvantez par ces paroles de mort. Dites-moi que vous vou-

lez me torturer, mais ne me dites plus
que vous allez mourir.

— Dans une heure, je serai morte,
Sire.

— Vous?

— Oui.

— Du secours! s'écria le roi.

— Oh! c'est inutile, ne me quittez pas,
Sire; je serais morte avant que vous re-
vinssiez et j'ai encore quelque chose à
vous dire.

Le roi tomba à genoux.

— Mon Dieu! mon Dieu, disait-il, sau-
vez-la et pardonnez-moi!

— Quand vous êtes venu, continua
Alix en relevant le roi, j'ai quitté mes

habits de deuil et j'ai revêtu ces habits de fête. Je vous avais vu venir, car il y a bien des jours que je sonde de ma fenêtre la route qui conduit à ce château. Alors, comme des sentiments humains me dominaient encore, j'ai voulu donner à votre vie le remords éternel de ma mort. Je me suis empoisonnée, Sire, et je me suis dit : Je mourrai en le maudissant, et il souffrira ce que j'ai souffert.

— Par le Dieu vivant, Alix, dit Édouard, laissez-moi vous sauver, et je vous jure que jamais je ne prononcerai votre nom, que je m'enfermerai au fond d'un cloître s'il le faut, mais ne mourez pas, ne mourez pas.

Et le roi éperdu couvrait de larmes les mains glacées de la comtesse.

— C'est inutile, répéta Alix, il le faut; et d'ailleurs il n'est plus temps. Puis, je je ne vous maudirai pas, Sire, car je vous l'ai déjà dit, je vous pardonne. La mort n'a d'aspect effrayant que pour ceux qui redoutent quelque chose au-delà de la vie, mais moi, je ne redoute rien. Je meurs pour me purifier de la faute d'un autre, et ma vie passera de la terre à l'éternité, sans effort et comme au crépuscule le jour se fond dans la nuit. Voyez, tout sourit autour de nous et je vous jure que je n'ai jamais été aussi calme que je le suis en ce moment.

Ne craignez donc rien, Sire, j'en ai fini
avec la haine. Mon âme qui va remonter
à Dieu, est déjà tellement dégagée des
liens de la terre, que je ne vois plus en
vous l'homme qui me fait mourir, mais
l'ami qui me soutient au moment où je
meurs. Je vous plains, Sire, car, moi
morte, vous allez souffrir et vous imposer longtemps des remords dont je vou-
drais vous absoudre. Vous m'aimiez,
Monseigneur ; seulement votre amour
vous aveuglait et vous a fait oublier qu'il
y a des amours qui tuent celles sur qui
ils se reportent, comme un soleil très
ardent tuerait nos fleurs du nord. Vous
avez brisé en un instant deux existences

si heureuses qu'on dirait que Dieu les avait formées à regret, et qu'il était injuste à ses yeux de donner tant de bonheur à deux créatures lorsque tant d'autres souffraient. Vous vous êtes trompé, Sire, voilà tout. Et cependant j'eusse dû vous aimer. Vous êtes jeune, noble et puissant, et il eût pu se faire que votre image se présentât à moi avant celle du comte. Pourquoi Dieu ne l'a-t-il pas fait? pour compléter ma vie par le martyre sans doute, et parce qu'il vous appelait à de plus hautes destinées.

Alix parlait d'une voix à la fois si douce et si émue, qu'Édouard, la tête

renversée en arrière et la main sur les
yeux pleurait abondamment.

— Soyez fort, Monseigneur, reprit
Alix après une pause. Voyez par quel
beau jour Dieu me rappelle à lui. Je
n'aurai même pas la douleur de voir ce
beau soleil s'éteindre derrière la colline ;
mes yeux seront fermés avant qu'il ne se
couche, et j'habiterai la patrie sans ombre et sans nuits.

Ainsi, Monseigneur, vous allez partir pour de nouvelles conquêtes, vous
allez ajouter un royaume au vôtre sans
doute, et faire tuer quelques milliers
d'hommes. L'histoire vous garde une
grande place dans ses pages, Monsei-

gneur, et peut-être mon nom passera-t-il
à la postérité, éclairé du reflet de l'amour
que vous aurez eu pour moi, alors on
s'étonnera que cette humble femme soit
morte et ait résisté à l'amour de ce grand
conquérant. Étrange chose que la vie,
lorsqu'on la regarde du point où je la
vois maintenant.

Dites-moi, Sire, demanda Alix
avec un regard plein de douceur, vous
m'aimiez réellement.

—Vous le demandez? répondit Édouard
avec des sanglots.

— Et vous eussiez fait tout ce que
vous promettiez tout-à-l'heure?

—Tout, je vous le jure.

— Quel triomphe pour moi dans l'avenir, dit la comtesse, et comment se fait-il que je ne vous aie pas aimé !

— Je devrais faire appeler un prêtre
puisque la mort approche, reprit la comtesse mais j'aime mieux que vous seul
entendiez ma confession, Monseigneur.
Un prêtre n'aurait rien à me dire de plus

que ce que Dieu me dit en ce moment,
et je n'aurais rien à lui dire que ce que
vous pouvez entendre. Dieu a-t-il besoin
pour croire à notre repentir que nous
remettions ce repentir entre les mains
d'un de ses ministres, ou la confession
n'est-elle qu'une humilité préparatoire?

— Si vous saviez, Alix, répliqua le
roi, quel mal votre calme me fait. J'aimerais mieux votre colère et votre malédiction. Quand je songe que c'est mon
amour fatal qui interrompt votre existence heureuse, je me demande si je ne
dois pas me briser la tête contre une
muraille et me donner au moins la joie

de ne pas vous voir mourir, en mourant avant vous.

— Non, Sire, vivez, votre mort serait un crime, car trop d'existences et d'intérêts tiennent à votre vie pour que vous la détruisiez ainsi ; moi, je ne tiens plus à rien sur la terre. Que je vive ou que je meure nul n'en souffrira, voilà pourquoi mes derniers moments sont si calmes.

L'heure des restitutions est venue, Monseigneur, et il faut que je vous rende quelque chose qui me vient de vous et que vous garderez à votre tour comme un souvenir de moi.

Alix s'approcha d'une table sur laquelle se trouvait une boîte d'or richement travaillée qu'elle ouvrit, et dont elle tira divers bijoux.

— Bijoux, parures, vains ornements de ce monde, combien je vous méprise à cette heure, vous que j'aimais tant lorsque vous me faisiez belle pour celui que j'aimais.

Et Alix jeta au hasard sur la table les perles et les diamants de ses écrins et continua de chercher dans la boîte un objet qu'elle trouva enfin, car montrant au roi une bague d'émeraudes elle lui dit :

— Vous souvient-il de cet anneau, Sire?

— Oui, répondit le roi devenu rêveur.

— Et de celui à qui vous l'avez remis ?

Le roi fit un signe de tête affirmatif, car l'émotion que ce souvenir évoquait en lui l'empêchait de parler.

— Pauvre Guillaume, murmura la comtesse, il m'aimait aussi, et maintenant il dort dans la tombe. Sa dernière parole a été un conseil. Il avait pressenti que votre amour me porterait malheur, Sire, et il m'avertissait de vous redouter. Jamais un homme ne conçut un amour plus pur que le sien ; jamais un homme n'a souffert comme celui-là de l'idée qu'en mourant il retirait un appui à celle qu'il avait protégée jusqu'alors. C'était au point que j'avais honte de mon bonheur quand il était auprès de moi. Trois hommes m'ont aimée, Monseigneur, Guillaume, le comte et vous ; j'ai déjà porté malheur à deux de ces hommes, Guillaume est mort, qui sait ce qu'est devenu le comte ? Reprenez cette bague, Sire, et Dieu veuille qu'elle vous serve de talisman.

Et maintenant, murmura Alix qui s'affaiblissait de plus en plus, je vais me retirer dans mon oratoire pour causer un peu du passé avec Dieu, puis j'attendrai sur mon lit que la mort vienne. Alors, Sire, si l'aspect d'une mourante ne vous fait pas trop grande peur, vous

pourrez entrer me voir une dernière
fois.

A ces mots, la comtesse, chancelante,
ouvrit la porte de son oratoire qu'elle
referma sur elle.

Quant au roi, lorsqu'il fut seul, il tomba à genoux et pria Dieu longtemps.

Il venait à peine de se relever quand
une des dames de la comtesse entra et
lui dit que sa maîtresse l'attendait dans
sa chambre.

Alix, vêtue de blanc, était étendue
sur son lit d'où, la fenêtre ouverte, elle
pouvait voir se dérouler l'autre côté du
paysage qu'elle regardait avec le roi
quelques instants auparavant.

— Adieu, Sire, dit-elle, la mort vient et je souffre beaucoup.

En effet, le visage de la comtesse se contractait sous les premières convulsions de l'agonie.

Le roi ne trouvait plus ni larmes ni paroles.

Il tomba à genoux sur les marches du lit et colla ses lèvres sur la main que la comtesse laissait tomber en dehors de la couche.

—Qui m'eût dit, murmura-t-elle, que je mourrais aussi jeune et loin de celui que j'aimais.

—Ah ! ne me maudissez pas, madame,

disait le roi, car quoique vous souffriez, je souffre encore plus que vous.

La respiration d'Alix devint plus précipitée, la vie qui se débattait fit un violent effort, après lequel les yeux atones , le visage lugubrement pâle, la comtesse resta dans une immobilité qu'on eût prise pour la mort, si l'on n'eût entendu un souffle haletant, entr'ouvrir ses lèvres pâlies.

L'heure qui se passa alors fut une heure douloureuse.

Alix ne souffrait plus que du corps et son âme voltigeant encore sur sa bouche, semblait à chaque instant prête à prendre son vol vers les cieux.

Le roi, courbé sous la douleur et les souvenirs, était plus sombre et plus désolé que le patient devant lequel on apprête les instruments de torture.

Enfin, Alix prononça une dernière fois le nom de son mari, pressa la main du roi, comme dans un dernier pardon, et mourut.

Alors son visage au lieu de se contracter par la mort, perdit au contraire les dernières contractions de l'agonie, sa bouche était entr'ouverte comme un vase qui vient d'exhaler son dernier parfum, et la pâleur de ses joues, jointe au costume blanc qu'elle avait revêtu, lui donnait l'aspect d'une fiancée morte en allant à ses fiançailles.

Dieu avait exaucé sa prière, sans doute, car une sérénité parfaite éclairait son visage. Alix restait tellement belle, qu'on eût dit que son âme n'était remontée vers Dieu que comme messagère et que le corps l'attendait prête à la recevoir de nouveau, après l'accomplissement de quelque mystérieuse mission. Elle était tellement belle enfin, qu'Édouard ne pouvait se lasser de la regarder, et qu'il ne pouvait croire que cette bouche qu'il avait vue sourire tant de fois, n'allait pas se rouvrir dans un sourire éternel.

Le soleil entrait à pleins rayons dans la chambre, éclairant le lit blanc et virginal de la morte. Des oiseaux chantaient au dehors, comme si l'âme d'Alix en s'exhalant avait éveillé le concert endormi de leurs voix.

Alors, le roi quitta cette chambre, descendit dans le jardin et cueillit des fleurs à pleines mains. Puis il remonta.

En entrant dans la chambre d'Alix, il croyait presque qu'elle allait lui parler. Mais rien n'était changé, et les feuilles des arbres continuaient de faire jouer leur ombres fugitives sur le visage impassible de la belle trépassée.

Le roi s'agenouilla de nouveau, et

jetant sur le lit les fleurs qu'il venait de
cueillir, il dit à voix basse :

— Ange, reçois ces lys et ces roses,
moins purs et moins blancs que ton
âme ; âme en qui j'aurais voulu enfermer
mon amour et abriter mon cœur, reçois
l'offrande pieuse de mon désespoir
éternel.

Puis Edouard se penchant sur le lit
d'Alix, déposa un dernier baiser sur
son front, et s'approchant d'un timbre,
il frappa violemment.

Un valet parut.

— La comtesse de Salisbury vient de
mourir, dit-il, et il sortit de la chambre,

laissant dans la stupeur les gens du château.

Le roi ne voulut pas repartir sans assister aux funérailles de celle qu'il avait aimée. Il rentra dans l'appartement qu'il avait occupé tant de fois, lorsque le comte habitait encore le château.

Le soleil que ne devait plus voir Alix, disparut derrière l'horizon, et comme elle avait toujours demandé à reposer sur la colline qui dominait le château, un de ses anciens serviteurs alla quérir des fossoyeurs.

Le soir, trois hommes entrèrent dans le château.

Le roi les entendit marcher et quittant

sa chambre, il vint jusqu'à la porte de celle où était morte la comtesse.

Alix avait été ensevelie, et son visage était caché par les voiles blancs qui la couvraient des pieds jusqu'à la tête.

Un des trois hommes entra seul et fit signe aux autres de s'éloigner.

Alors, celui qui était resté dans la chambre de la morte, et dont Edouard épiait tous les mouvements, se dirigea vers le lit.

Quand il y fut arrivé, il leva le linceul qui couvrait Alix, et s'agenouillant, il fit une prière après laquelle il déposa un baiser sur son front.

— Honte et malédiction sur celui qui

l'a tuée, murmura cet homme, paix et pardon à ton âme, pauvre martyre.

A cette voix le roi tressaillit.

L'homme tournait le dos à la porte, et par conséquent au royal spectateur de cette scène.

Quand celui qui était entré comme fossoyeur dans le château, eut recouvert le cadavre de la comtesse, il sortit de la chambre, et Edouard toujours caché, murmura en voyant son visage :

— Le comte.

Le comte, non pas tel que l'avait connu le roi, mais sombre, les cheveux blanchis, les joues creusées, la barbe longue et méconnaissable pour tous.

Le roi porta les mains à ses yeux, comme un homme qui se croit sous l'empire d'un rêve, et quand il regarda de nouveau, le spectre avait disparu.

Alors, les autres fossoyeurs rentrèrent dans la chambre d'Alix.

Le roi les y suivit.

—Où est votre camarade, leur dit-il.

—Il est parti, répondit un des deux hommes.

—Et il ne reviendra pas.

—Non.

—Quel est cet homme? Est-ce un fossoyeur comme vous.

—Je ne pense pas.

— Alors, comment se fait-il qu'il vous accompagne.

— Depuis quelque temps il rôde dans la contrée, et aujourd'hui, quand il a su que la comtesse était morte, il est venu chez moi et m'a demandé à m'aider dans l'ensevelissement. Pour cela, il m'a mis des pièces d'or dans la main, et je n'ai pas cru devoir lui refuser ce qu'il me demandait.

— C'est bien, fit le roi, et maintenant où est-il?

— Je l'ignore.

Le roi courut à la fenêtre, et aux rayons de la lune il vit une ombre qui sortait du château et qui après s'être ar-

rêtée quelques instants à contempler l'é-
difice, disparaissait dans l'épaisseur de
la nuit.

— C'est bien lui, dit Edouard.

Et tout pensif il rentra dans son appartement.

Au moment où il en franchissait la
porte, il entendait les premiers coups de
marteau de celui qui clouait la bière de
la comtesse.

Le lendemain, dès l'aube, les funérailles commencèrent.

Rappelez-vous celles d'Ophélie dans
Hamlet, et vous aurez le tableau de l'en-
terrement d'Alix.

Les restes de la pieuse jeune femme furent déposés dans le jardin du château du côté qui regardait le soleil levant.

Puis, la tombe bénie par les prières, fut couverte de fleurs et de larmes.

Le roi assista à cette douloureuse cérémonie, et quand elle fut terminée, il repartit pour Londres.

Nous n'avons pas besoin de décrire ce qui se passait en lui.

Aussi, comme il avait besoin de faire diversion à sa douleur, son premier mot fut-il en arrivant à Londres :

— Partons.

Édouard avait été exact au rendez-vous qu'il avait donné. Le jour de saint

Jean-Baptiste, il se mit en route après avoir pris congé de la reine, pauvre femme qui, placée entre les amours et les conquêtes du roi, semble toujours oubliée du cœur de son mari.

Il la confia à la garde du comte de Kent son cousin, et il établit, comme gardien de son royaume, les seigneurs de Percy et de Neuville, conjointement avec l'archevêque de Cantorbéry, l'archevêque d'York, lesquels formaient vraisemblablement le conseil du prince Lyonel, auquel son père avait donné, à partir du 25 juin, la garde de tout son royaume.

Cependant de quelqu'importance que

fût cette expédition, il resta dans le pays, dit Froissard, assez de bonnes gens pour le garder et le défendre si besoin en était.

Le roi partit pour Hantonne comme il avait été convenu, et il y attendit qu'il eût le vent favorable pour se mettre en mer.

Ce dût être, du reste, chose merveilleuse à voir que le départ de cette flotte qui allait, comme une nuée de vautours, s'abattre sur les côtes de France.

En effet, à en croire Froissard, qui est accusé d'avoir porté les forces du roi au-dessus de ce qu'elles étaient, le roi emmenait avec lui six mille Irlandais, douze mille Gallois, quatre mille hommes d'armes et dix mille archers, mais Nighton affirme, sans cependant pouvoir le fixer, que le nombre des hommes qui accompagnaient le roi était bien supérieur à celui que nous venons de dire: il compte douze cents grands bâtiments pour transporter l'armée d'Édouard et six cents petits, destinés à porter les approvisionnements.

Le 2 juillet le roi s'embarqua.

Le prince de Galles et messire Godefroy de Harcourt entrèrent dans le même vaisseau que lui.

Puis venaient:

Le comte de Herfort.

Le comte de Norenton.

Le comte d'Arundel.

Le comte de Cornouailles.

Le comte de Warwick.

Le comte de Hortidonne.

Le comte de Suffolk.

Le comte d'Askesuffort.

Les barons étaient :

Messire Jean de Mortemer, qui depuis fut le comte de Lamarche.

Messire Jean, messire Louis, messire Royers de Beauchamps.

Messire Regnault de Cobehen.

Messire de Montbray.

Le sire de Ros.

Le sire de Lussy.

Le sire de Felleton.

Le sire de Brasseton.

Le sire de Mulleton.

Le sire de la Ware,

Le sire de Manne,

Le sire de Basset,

Le sire de Bercler,

Le sire de Wibbi et autres.

Joignez à ceux-là les bacheliers Jean Chandos, Guillaume Fitz-Varrine, Pierre et Jacques Daudlée, Rogers de Wettvale, Barthélemy de Bruis, Richard de Penbruge.

Il n'y avait d'étrangers que messire Oulphart de Ghistel et quelques chevaliers d'Allemagne dont les noms ne sont pas arrivés jusqu'à nous.

Le roi était toujours soucieux, et la nuit, il se promenait les yeux fixés sur l'horizon qu'il laissait derrière lui, et qui sombre comme sa douleur, ne le consolait en rien de sa pensée.

Alors, Godefroy de Harcourt, qui ne savait ce qui préoccupait le roi et qui craignait que cette tristesse ne lui vînt des craintes que lui inspirait l'issue du conseil qu'il lui avait donné, s'approcha de lui en disant :

— Soyez sans inquiétude, Sire, le pays de Normandie est l'un des plus beaux du monde, et je vous promets, sur ma tête, que vous y débarquerez librement. De ceux qui viendront à vous, vous n'aurez rien à craindre, car ce sont gens qui ne furent jamais armés, et quant à la fleur de la chevalerie normande, elle est à cette heure avec son duc devant Aiguillon. Vous trouverez là de grosses villes et de bonnes métairies, où vos gens seront si bien, que, vingt ans après, il s'en ressentiront encore.

— Je suis sûr que vous ne m'avez donné qu'un bon conseil, messire, reprit le roi, aussi n'est-ce pas l'avenir qui me rend soucieux; mais le passé. Puisse Dieu m'envoyer assez de gloire et de travaux pour effacer de mon souvenir un jour dont la date brûle ma pensée.

Et le roi retomba de nouveau dans ses rêveries si profondes que, ni Godefroy de Harcourt, ni le prince de Galles même ne tentèrent de l'en retirer.

Cependant, les côtes de Normandie commençaient à se détacher à l'horizon et rappelèrent à Édouard qu'il avait une grande mission à accomplir, et que répondant de la vie de ceux qu'il avait à sa suite, il devait jeter un voile entre lui et le passé, et ne plus s'occuper que du salut de ses compagnons et de la réussite de ses projets.

Alors, telle était la puissance de cet homme sur lui-même, qu'à partir de ce moment, il redevient le roi que nous avons connu, et qu'il semble avoir rompu complètement avec la vie et les impressions de l'homme.

Comme l'aigle du nord, il porte un blason à la place du cœur.

En effet, il ne veut pas confier à d'autres la direction de son vaisseau, et s'en fait l'amiral.

Il semble que Dieu le protège, car il aborde sans encombre le 12 juillet à la Hogue-Saint-Vart.

Le roi de France avait bien entendu dire qu'Édouard III levait une grande armée, et il avait été informé que le roi d'Angleterre s'était embarqué. Mais il

ignorait complètement le but de cette expédition et n'avait pas soupçonné un instant ce qui arrivait.

Aucunes mesures n'avaient été prises,
de sorte que les habitants de Cotentin
épouvantés de ce qu'ils voyaient, envoyèrent à Philippe V des messagers
qui accoururent en toute hâte à **Paris.**

Aussitôt que Philippe eut **appris** que
les Anglais avaient pris terre en Normandie, il fit mander son connétable le
comte de Ghines et le comte de Tancarville, qui étaient nouvellement arrivés
d'Aiguillon, et leur dit de se rendre au
plus vite devant la ville de Caen et de la
défendre contre les Anglais.

Ceux que le roi avait mandés acceptè-
rent avec joie leur mission, et ils chevauchèrent tant qu'ils arrivèrent dans la
ville de Caen, où ils furent reçus comme
des sauveurs par les bourgeois et ceux
qui s'y étaient réfugiés.

Ils firent armer tous ceux qui s'y trouvaient, et l'on attendit. Quand le roi dé-
barqua à la Hogue, au moment où il allait mettre pied à terre ; il glissa et tomba
si rudement que le sang lui sortit du nez ;
alors, les chevaliers qui l'entouraient
s'approchèrent de lui en disant :

— Cher Sire, retirez-vous en votre
vaisseau et ne venez pas à terre de tout

le jour, car cette chute est un mauvais signe pour vous.

Mais le roi répondit aussitôt en essuyant son visage et en souriant :

— Vous voyez bien au contraire que la terre m'attire.

Tout le monde se réjouit de cette réponse et de l'interprétation que le roi donnait à cet incident.

Alors, on ne s'occupa plus que de décharger les navires et d'amener à terre les chevaux et les équipements.

Puis, le roi, après avoir fait maréchaux Godefroy de Harcourt et le comte de Warwick, après avoir fait connétable le comte d'Arundel, ordonna au comte de

Hostidonne de demeurer sur son navire avec cent hommes d'armes et quatre cents archers.

Après quoi on entra en délibération afin de savoir de quelle façon l'armée parcourrait le pays.

Il fut décidé que les deux nouveaux maréchaux et le connétable ordonneraient leurs gens en trois batailles, dont l'une suivrait le rivage de la mer à droite et l'autre à gauche, tandis que le roi et le prince son fils iraient par terre au milieu.

Toutes les nuits les corps de batailles des maréchaux devaient se retirer au logis du roi.

Ils partirent donc ainsi qu'il avait été ordonné.

Le comte de Hostidonne prenant en mer tous les bâtiments, petits et grands, qu'il rencontrait et les emmenant avec lui ; archers et gens de pied pillant et brûlant tout ce qu'ils trouvaient sur leur passage.

C'est ainsi qu'ils arrivèrent au port de Barfleur dont les habitants s'enfuirent à l'approche des Anglais, abandonnant une grande quantité d'or, d'argent et de joyaux.

L'armée avançait toujours, plutôt comme un incendie que comme une armée ; c'est ainsi que Cherbourg, Monbourg et Valogne, furent pillées et détruites, ainsi que bien d'autres villes qu'il serait trop long de nommer.

Pendant ce temps-là, une partie de l'armée s'était rembarquée et ne redescendit à terre qu'en face de la ville de Carentan qui se rendit après un siège d'une courte durée et sur la promesse qui lui fut faite, que ses habitants auraient la vie sauve.

Quand les Anglais eurent pris possession de Carentan, voyant qu'ils ne pouvaient laisser de garnison dans la ville, ils la brûlèrent, emmenant avec eux les habitants qui s'étaient rendus et qui se joignirent sur les vaisseaux anglais à ceux de Harfleur qui n'avaient pas eu le temps de se sauver et que les Anglais avaient emmenés de même.

Quand le roi d'Angleterre eut envoyé ses maréchaux, le comte de Warwick et messire Rogers de Cobehen, comme nous l'avons vu tout-à-l'heure, il partit de la Hogue Saint-Wast, et nomma Godefroy de Harcourt chef de toute son armée ; et c'était avec raison, car Godefroy de Harcourt était mieux au courant que qui que ce fut des entrées et sorties de Normandie ; puis, comme Robert d'Artois, il avait à se venger de Philippe VI, et personne ne savait aussi bien que lui par où la France pouvait être le mieux attaquée.

Il partit donc comme maréchal de la route du roi, avec cinq cents armures de fer et deux cents archers.

C'est ainsi qu'il pilla et brûla sept lieues de terrain, ramenant au camp du roi des chevaux et de magnifiques troupeaux de bœufs, dont il s'emparait, mais ne pouvant lui apporter les richesses incalculables que les soldats prenaient et qu'ils gardaient pour eux.

Godefroy de Harcourt revenait donc tous les soirs, là où il savait que le roi devait loger, et lorsqu'il demeurait deux jours sans revenir, c'est que le pays était plus riche et le pillage plus long.

Cependant le roi se dirigeait vers Saint-Lô en Cotentin, mais avant d'y arriver, il se logea sur la rivière de la Vire, attendant ceux qui suivaient le rivage de la mer, et auxquels il voulait se réunir pour continuer sa marche.

Nous voilà entrés maintenant dans
cette série d'évènements et de défaites
qui semblaient devoir épuiser la France
et l'asservir définitivement à l'Angleterre.

Mais nous l'avons déjà dit dans un autre livre *, à propos de la lutte incessante de ces deux puissances qui, depuis cinq siècles, combattent corps à corps.

Nous l'avons dit et nous ne saurions trop le répéter. D'où vient ce flux qui depuis cinq cents ans apporte l'Angleterre chez nous, et la remporte toujours chez elle, ne serait-çe pas que dans l'équilibre des mondes elle représenterait la force et nous la pensée. Et que ce combat éternel, cette étreinte sans fin, ne serait rien autre chose que la lutte génésiaque de Jacob et de l'ange qui luttèrent toute une nuit, front contre front,

* *Le Véloce.*

flanc contre flanc, genou contre genou, jusqu'à ce que vînt le jour. Trois fois renversé, Jacob se releva trois fois et resté debout enfin, devint le père des douze tribus qui peuplèrent Israël, et se répandirent sur le monde.

Autrefois, aux deux côtés de la Méditerranée existaient deux peuples personnifiés par deux villes, qui se regardaient comme des deux côtés de l'Océan se regardent la France et l'Angleterre. Ces deux villes étaient Rome et Carthage ; aux yeux du monde, à cette époque, elles ne représentaient que deux idées matérielles, l'une le commerce, l'une l'agriculture, l'une la charrue, l'autre le vaisseau.

Après une lutte de deux siècles après Tréby, Cannes et Trasimène, ces Crécy, ces Poitiers, ces Warterloo de Rome, Carthage, fut anéantie à Zama, et la charrue victorieuse passa sur la ville de Didon, et le sel fut semé dans les sillons qu'avait tracés la charrue. Et les malédictions infernales furent suspendues sur la tête de quiconque essaierait de réédifier ce qui venait d'être détruit.

Pourquoi fut-ce Carthage qui succomba et non point Rome, est-ce parce que Scipion fut plus grand qu'Annibal, non, comme à Waterloo le vainqueur disparut tout entier dans l'ombre du vaincu.

Non, c'est que la pensée était avec Rome, c'est qu'elle portait dans ses flancs féconds la parole du Christ, c'est à dire la civilisation du monde. C'est qu'elle était comme phare aussi nécessaire aux siècles écoulés que l'est la France aux siècles écoulés.

Voilà pourquoi la France s'est relevée des champs de batailles de Crécy, d'Azincourt, de Poitiers et de Waterloo.

Voilà pourquoi la France n'a pas été engloutie à Aboukir et à Trafalgar.

C'est que la France catholique c'est Rome, c'est que l'Angleterre protestante n'est que Carthage. L'Angleterre peut disparaître de la surface du monde et la moitié du monde sur laquelle elle pèse battra des mains.

Que la lumière qui brille aux mains de la France tantôt torche, tantôt flambeau s'éteigne, et le monde tout entier poussera dans les ténèbres un grand cri d'agonie et de désespoir.

Maintenant et en attendant les résultats de l'avenir, reprenons le récit des évènements passés.

Quand le roi de France apprit de quelle façon les Anglais pillaient et brûlaient son beau pays de Normandie, et comment Édouard était arrivé jusqu'en Cotentin, il jura que les Anglais ne s'en retourneraient pas sans avoir été combattus et sans avoir chèrement payé les ennuis qu'ils lui causaient.

Il écrivit donc sans délai à tous ceux qu'il pouvait appeler à son aide. C'est ainsi qu'il s'adressa au roi de Bohême qu'il aimait fort et dont il était fort aimé, et à messire Charles de Bohême son fils, qui s'appelait déjà roi d'Allemagne et qui avait enchargé ses armes des armes de l'Empire.

Le roi de France les priait aussi instamment qu'il le pouvait faire de venir se joindre à lui pour marcher contre les Anglais qui dévastaient son pays.

Les deux premiers arrivèrent, eux et

les gens d'armes qu'ils avaient rassemblés.

Ensuite arrivèrent au secours du roi
le comte de Saume, le comte de Flandre
le comte Guillaume de Namur et messire
Jean de Hainaut dont Louis de Blois avait
épousé la fille.

Mais pendant qu'il faisait ces mande-
ments et que ceux qui voulaient le secourir levaient leur armée, Édouard conti-
nuait sa conquête dans tout le pays de Cotentin et de Normandie.

Or le roi Édouard chevauchait à petites journées, car le pays était si riche
qu'il eût eu regret de laisser quelque

chose derrière, si bien que tout en avançant peu il prenait beaucoup.

L'ébahissement et l'effroi de ceux du
pays était chose curieuse à voir, car ils
n'avaient jamais su jusqu'alors ce que
voulaient dire les mots de guerre et de
bataille et ils n'avaient garde de se défendre et se sauvaient abandonnant aux
ennemis leurs granges toutes pleines.

C'est ainsi que Saint-Lô qui avait huit
ou neuf mille habitants fut prise et pillée.

« Il n'est homme vivant dit Froissard
qui pût croire ni penser le grand avoir
qui là fut gagné par les Anglais et la

grand'foison de draps qu'ils y trouvèrent. »

Malheureusement ils ne savaient à qui les vendre, si bien que toutes ces richesses étaient perdues pour les uns sans profiter aux autres.

Cependant Édouard approchait de la ville de Caen qui n'était pas disposée à se rendre comme les autres.

Outre qu'elle était gardée par un preux et hardi chevalier de Normandie, nommé messire Robert de Varigny, on se rappelle que le roi de France avait envoyé pour la défendre les comtes de Ghines et de Tancarville.

Caen était à cette époque une des

grandes villes de France. Riche de commerce et de marchandises, pleine de
nobles dames et de belles églises.

Il y avait surtout deux grosses abbayes
de l'ordre de saint Benoît, l'une d'hommes, l'autre de femmes, et occupant
chacune un des bouts de la ville.

Le château, avec sa garnison de trois
mille Génois, était un des beaux et forts
châteaux de Normandie.

Enfin, la ville était digne en tous points
d'exciter la convoitise d'Édouard, qui
avait dédaigné Coutances pour elle.

Le roi d'Angleterre se logea à deux
petites lieues de Caen, ce que voyant le
connétable de France et les autres sei-

gneurs qui y étaient rassemblés, ils se réunirent après s'être préalablement armés, et tous les bourgeois de la ville afin de savoir comment ils se maintiendraient.

Le résultat de la délibération fut que nul ne quittât la ville, et que seigneurs et bourgeois, nobles et manants, garderaient les portes, le pont et la rivière, qui était d'un côté l'unique rempart de la ville.

Mais ceux de la ville étaient impatients de combattre, ils répondirent que non-seulement ils n'attendraient pas les ennemis, mais qu'encore ils iraient au devant d'eux.

— La volonté de Dieu soit faite ! s'é-
cria le connétable, et je vous jure que
vous ne eombattrez point sans moi et
sans mes gens.

Ils sortirent donc de la ville en assez
bonne ordonnance, et tous prêts à mettre leur vie en aventure.

C'est ici qu'il faut vraiment croire à la
fatalité, et que Dieu semble retirer son
regard de ceux qu'il avait exaltés un instant.

En effet, à peine tous ces bourgeois,
qui étaient si résolus quelques instants
auparavant, eurent-ils vu s'approcher
lentement l'armée anglaise, que leur
courage s'évanouit.

Ces bataillons, plus pressés que les épis, et qui marchaient bannières et pennons développés, semblaient une de ces marées vivantes auxquelles rien ne peut résister.

Quand ceux de Caen virent ces archers impassibles s'approcher d'eux comme une muraille d'airain, ils furent si effrayés qu'ils s'enfuirent; et qu'eût-on mis derrière eux pour les retenir, le double des ennemis, on ne l'eût pu faire.

Chacun rentra dans la ville, que le connétable le voulût ou non; mais comme ils voulaient tous entrer les premiers, il y en eut un grand nombre jetés à terre et tués à la porte de la ville.

Voyant cela, le connétable de France, le comte de Tancarville, et d'autres chevaliers encore se mirent à l'abri à l'entrée du pont, car ils avaient compris tout de suite, en voyant fuir leurs gens, qu'il n'y avait plus rien à espérer. En effet, les Anglais étaient déjà entrés, et tuaient sans merci tous ceux qu'ils trouvaient sur leur passage.

Beaucoup se sauvèrent au château, où les recueillit messire Robert de Varigny, et bien leur en prit, car le château était riche et bien défendu.

Cependant il advint que le connétable de France et le comte de Tancarville voyaient de la porte où ils étaient cachés le massacre de leurs compagnons qu'ils ne pouvaient défendre. Les Anglais avançaient avec une telle rapidité que le connétable et le comte pressentirent qu'il allait leur en arriver autant.

— Je suis curieux de voir, disait le comte de Tancarville en riant, comment Dieu va s'y prendre pour nous tirer de là.

—Tout ce que je sais, répondit le connétable, c'est qu'ils n'auront pas marché de nous comme de toute cette canaille que nous avons vue se sauver tout à l'heure.

—En tout cas, répondit le comte,

comme nous ne savons pas ce qui va arriver, donnons-nous la main , Messire,
et si l'un de nous deux en réchappe,
qu'il puisse dire qu'il a vu mourir
l'autre vaillamment.

Les deux hommes s'embrassèrent et
attendirent. Quelques instants après, le
comte de Tancarville considérait attentivement quelques chevaliers qui venaient
de son côté, et comme le soleil était
ardent et l'empêchait de voir, il posa la
main au-dessus de ses yeux, de manière
à faire ombre et à distinguer plus sûrement.

—Que considérez-vous donc ainsi?

demanda le connétable, en s'adressant au sire de Tancarville.

— Je regarde, reprit celui-ci, le moyen que Dieu emploie pour nous sauver, et que vous étiez si curieux de connaître tout-à-l'heure.

— Que voulez-vous dire?

— Je veux dire que, ou je me trompe fort, ou nous verrons d'autres batailles que celle-ci, car voici venir à nous une de mes anciennes connaissances qui ne sera pas plus fâchée de me rencontrer, que je ne suis fâché de le voir en ce moment.

Pendant ce temps, la petite troupe dont nous avons parlé tout-à-l'heure, s'était avancée de plus en plus, il était même facile de distinguer les visages de ceux qui la composaient.

Alors le comte abaissa sa main en disant au connétable :

— C'est bien lui !

— Qui lui? demanda le sire de Ghines.

— Vous voyez bien cet homme qui marche devant les six autres?

— Oui, celui qui n'a qu'un œil ?

— Justement.

— Eh bien !

— C'est messire Thomas de Holland.

— Et qu'est-ce que ce messire Thomas de Holland ?

— Autrefois ce n'était qu'un compagnon, mais aujourd'hui c'est un ami. Et comme celui que le comte de Tancarville, venait de désigner, se trouvait à portée de sa voix, le comte lui cria :

— C'est bien vous, messire Thomas ?

— Oui, répondit le chevalier.

— C'est bien vous qui avez voyagé autrefois en Espagne et en Prusse ?

— Moi-même.

— Vous souvient-il d'un comte de Tancarville qui vous y vit et vous y accompagna ?

— C'était un brave chevalier, reprit messire Thomas, et dont j'ai gardé bonne mémoire. Qu'est-il devenu ?

— C'est lui qui vous parle, et qui en

échange de la bonne compagnie que
vous lui avez faite, et du bon souvenir
que vous avez gardé de lui, veut vous
faire faire aujourd'hui une bonne affaire.

— Parlez, messire, reprit Thomas de
Holland. Mais je vous préviens que je dé-
sire plus vous être agréable que faire
une affaire si bonne qu'elle soit.

— Eh bien! messire, vous aurez la
satisfaction des deux choses, car voici le
comte de Ghines qui du jour où il sera
prisonnier, vaudra bien cinquante mille
moutons d'or, et qui va se rendre à vous
ainsi que moi, mais à une condition,
c'est que vous allez retourner en arrière

et faire cesser l'horrible massacre qui s'y fait.

— L'heureuse aventure, s'écria messire Thomas, cent mille moutons d'or et le plaisir d'obliger deux braves chevaliers ne se trouve pas tous les jours. Attendez-moi un instant, messeigneurs, car je veux que vous ne teniez votre parole que quand j'aurai tenu la mienne.

Et en disant cela, messire Thomas retournait dans les rues, et annonçant la capture qu'il venait de faire, il appaisa le carnage. Quand il revint, les deux comtes et vingt-cinq chevaliers se rendirent à lui.

Grâce à la capitulation que nous venons
de raconter, le sire Thomas de Holland,
avec plusieurs chevaliers d'Angleterre,
entrèrent dans la ville où ils trouvèrent
mainte belle bourgeoise et mainte dame

de cloître à violer; mais cependant ils ne prirent pas possession de la ville sans qu'il leur en coûtât quelque chose; en effet, les habitants, montés sur les toîts des maisons, se défendaient toujours comme s'ils n'eussent pas reconnu la reddition faite par les deux comtes.

Ils jetaient des pierres, des bancs et des meubles sur les ennemis, et en tuèrent plus de cinq cents, ce dont le roi d'Angleterre fut si courroucé quand il l'apprit le soir, qu'il ordonna que le lendemain la ville fut brûlée et que les habitants fussent passés au fil de l'épée.

Mais messire Godefroy qui semblait

se souvenir de temps en temps qu'il était Français, dit au roi.

— Cher Sire, veuillez calmer un peu votre colère, vous avez encore beaucoup de chemin à parcourir avant d'être à Calais où vous voulez aller. Il y a encore dans cette ville beaucoup d'habitants qui se défendront dans leurs maisons comme ils se sont défendus aujourd'hui, et vous perdrez beaucoup de gens avant d'en avoir eu raison.

Conservez donc vos hommes qui vous seront si utiles dans un mois, car il est impossible que le roi de France en voyant comme vous ravagez son pays, ne vienne pas vous combattre.

Quant à moi , ajouta Godefroy, je me fais fort de vous faire seigneur et maître de cette ville, sans qu'il soit versé une goutte de sang.

—Messire Godefroy, répondit Édouard qui comprit tout de suite la vérité de ce que lui disait le comte, vous êtes notre maréchal. Faites donc comme il vous plaira, car cette fois surtout je ne me veux mêlér en rien de ce que vous ferez.

Alors messire Godefroy de Harcourt fit promener sa bannière de rue en rue et commanda de par le roi que nul ne fût assez hardi pour mettre le feu, tuer homme, ou violer femme.

Quand ceux de Caen entendirent cette

défense, ils commencèrent à se tran-
quilliser et reçurent même quelques-uns
des Anglais dans leurs maisons. Quelques-uns même ouvrirent leurs coffres
et leurs écrins, abandonnant tout ce qu'ils
avaient, sur la promesse qu'ils auraient
la vie sauve.

Cependant, ajoute Froissard, notre
guide éternel dans le dédale de cette
époque : « Nonobstant ce et le ban du
roi et du maréchal, il y eut dedans la
ville de Caën moult (beaucoup) de vilains meurtres et pillement, de roberie
(vol), d'arsures (incendie), et de larcins
faicts ; car il ne peut être que en un tel
ost (armée) que le roi d'Angleterre me-

nait il n'y ait des vilains garçons et des malfaiteurs assez et gens de petite conscience. »

Les Anglais, maîtres de la ville, y séjournèrent trois jours pendant lesquels ils gagnèrent et conquirent tant de richesses que ce serait merveille à dire.

Pendant ce temps ils dressèrent leur plan et ordonnèrent leur besogne, après avoir envoyé dans des bateaux à Austrehem, où se trouvaient leurs grands vaisseaux, les draps, joyaux, vaisselle d'or et d'argent, et toutes les choses enfin dont ils s'étaient emparés.

Puis, pour plus de sûreté, ils décidèrent que le navire qui renfermait le butin et les prisonniers serait renvoyé en Angleterre. En conséquence, le comte de Hostidone auquel on donna deux cents hommes d'armes et quatre cents archers, fut nommé commandant du navire.

Parmi les prisonniers se trouvaient: messire de Ghines et messire de Tancarville, que le roi avait achetés à messire Thomas de Holland, et qu'il lui avait payés vingt mille nobles à la rose.

Le vaisseau partit donc emmenant plus de soixante chevaliers, plus de trois cents riches bourgeois; et, continue le chroniqueur, grand foison de saluts et d'amitiés de la part du roi à sa femme, la gentille reine d'Angleterre, madame Philippe.

Pendant ce temps, le pape s'était mêlé des affaires des deux rois ; en effet, les légats du Saint-Père avaient entamé une négociation de paix, et au nom de Philippe de Valois, ils avaient proposé à Édouard le duché d'Aquitaine, que celui-ci eût possédé comme l'avait possédé son père. Mais Édouard obéissant à la destinée providentielle qui le poussait, rejeta toute proposition, et continua de s'avancer portant partout le fer et le feu.

C'est ainsi qu'il arriva à Louviers, dont il s'empara aisément, car la ville n'était même pas fermée.

La ville pillée, ils entrèrent dans la comté d'Evreux qu'ils brûlèrent toute à l'exception des forteresses, et le roi continuant à suivre le conseil de Godefroy de Harcourt, n'assaillit ni ville fermée ni château fort afin de conserver ses gens et son artillerie.

En approchant de Rouen, le roi et toute son armée s'embarquèrent sur la Seine, mais ils se dirigèrent sur Vernon et non sur Rouen qui regorgeait de gens d'armes, dont le capitaine était le sire de Harcourt, frère de messire Godefroy.

Après avoir brûlé Verneuil et tout le pays qui avoisinait Rouen, Édouard arriva à Pont-de-l'Arche où le roi de

France vint le joindre et lui présenter la bataille. Mais le roi d'Angleterre la refusa en ajoutant qu'ayant un vœu à accomplir il ne l'accepterait que devant Paris.

Philippe rentre alors dans sa capitale, se loge en l'abbaye de Saint-Germain-des-Prés, et attend.

Si nous insistons sur les détails de cette expédition, c'est qu'il nous semble qu'il y a pour le lecteur comme pour nous un intérêt réel à suivre l'envahissement de cette conquête étrange.

En effet une invasion semblable serait si impossible aujourd'hui, qu'il nous faut l'unanimité des chroniqueurs pour croire à celle de 1546.

On dirait que le regard de Dieu s'est retiré de la France et qu'il abandonne tout-à-fait ce pays et son roi.

Quand on suit Philippe VI dans toute cette campagne, on est étonné de ces hésitations perpétuelles qui vont se terminer à Crécy par cette brusque détermination qui va lui faire perdre la bataille. A peine si les Anglais trouvent sur leur passage une lutte d'un instant. Le plus souvent la trahison vient au-devant d'eux; ils avancent comme si le Seigneur lui-même avait tracé la route et comme s'ils étaient plutôt les instruments de sa colère que de l'ambition de leur roi.

Ainsi Edouard, en quittant Pont-de-l'Arche, arrive à Mantes, traverse Meulan, brûle Mûreaux et s'arrête devant Poissy, le septième jour du mois d'août de l'année 1346.

Mais à Poissy, le pont était défait et le roi de France poursuivait Edouard de l'autre côté du fleuve, si bien qu'en plusieurs endroits l'armée de l'un pouvait voir l'armée de l'autre.

Le roi d'Angleterre demeura six jours à Poissy et son fils à Saint-Germain-en-Laye. Pendant ce temps des soldats anglais brûlaient les villes environnantes jusqu'à Saint-Cloud, tellement que ceux de Paris pouvaient en voir les feux et les fumées.

Cependant Rueil fut épargnée et le chroniqueur dit qu'elle le dût à un miracle de monseigneur Saint-Denis.

Mais ce qui était un grand déshonneur pour la France, et ce qui prouvait la trahison, c'est que le roi d'Angleterre et son fils habitaient justement les lieux dont les rois de France et Philippe VI avaient fait jusque là leurs résidences préférées.

Pas un noble de France ne tenta de chasser Edouard, qui pendant six jours habita les propres maisons, coucha dans le lit et but le vin de son royal adversaire.

Mais ce qu'il y a de plus curieux encore, c'est que les nobles faisaient effondrer les bateaux et rompre les ponts partout où avait passé le roi d'Angleterre.

Cependant, Philippe VI avait quitté Saint-Germain-des-Prés, et la veille de l'Assomption il s'était rendu à Saint-Denis.

Quand il fut là, un homme s'approcha de lui, disant qu'il avait des nouvelles à lui donner de l'ennemi; cet homme était un paysan des environs de Poissy.

— Sire, le roi Edouard d'Angleterre est devant la ville de Poissy, dit-il.

— Je le sais, répondit Philippe.

— Mais ce que vous ne savez peut-être pas, Sire, répondit cet homme, c'est qu'il fait refaire à la hâte le pont qui a été détruit.

— Et qui vous a dit cela? demanda le roi.

— Je l'ai vu, Sire.

— Cet homme ment ou il est fou, s'écrièrent ceux qui approchaient de Philippe, à moins que ce ne soit un espion du roi Edouard.

— Je jure, s'écria le paysan en étendant la main, que ce que j'ai dit est vrai, et je demande à mourir si j'ai menti.

Alors fut prouvée cette parole de l'E-
vangile :

« Le pauvre a parlé, et on lui a dit :
qui es-tu? et on s'est moqué de lui.

« Le riche a parlé à son tour et chacun
s'est tu par respect et nul n'a douté. »

Ce que venait de dire cet homme, était
vrai, et comme celui de l'Ecriture, il
fut raillé de ceux qui l'avaient entendu.

Cependant, ce qu'était venu annoncer
le paysan se confirma, et le roi envoya
au pont de Poissy la commune d'Amiens,
pour empêcher le travail des Anglais.
Mais ce fut en vain. Le vendredi, le lendemain de l'Assomption, le roi d'Angleterre, après avoir mis le feu à l'hôtel du

roi, à Poissy, traversa le pont qu'il avait fait reconstruire, armes découvertes et bannières déployées.

Il marcha ainsi jusqu'à Saint-Germain. Arrivé là, il campa sur une hauteur d'où l'on découvrait Paris, et réunissant autour de lui les principaux chevaliers de son armée.

— Messires, leur dit-il, alors en leur montrant les clochers de Saint-Denis, que le soleil éclairait en ce moment, et dont les arêtes blanches se découpaient en vigueur sur l'horizon, Messires, j'ai fait autrefois le vœu de camper en vue des Clochers de Saint-Denis, vous pourrez dire à votre retour en Angleterre, que le roi a accompli le vœu qu'il avait fait.

Tous renouvelèrent leurs serments de fidélité à Edouard , et celui-ci resté seul, laissa sa pensée se reporter sur ceux qui avaient fait des vœux en même temps que lui.

— Mon Dieu, dit-il, avez-vous donc mal reçu tous ces vœux que vous avez puni ceux qui les ont faits. Pas un de ceux qui étaient à ma table ce jour-là n'est auprès de moi, aujourd'hui. L'exil, la douleur ou la guerre les ont pris.

Mon pauvre Guillaume de Montaigu a été tué par Douglas.

Gautier de Mauny risque tous les jours

sa vie pour moi, et qui sait s'il n'est pas déjà mort.

Robert d'Artois a expiré dans mes bras.

Jean de Hainault m'a abandonné pour le roi de France.

Salisbury a disparu, Alix est morte.

Seule, la reine d'Angleterre a accompli heureusement son vœu, le seul qui m'ait fait tressaillir au milieu de tous les autres.

Puissiez-vous la garder de tout malheur, ô mon Dieu! et jeter sur moi seul vos malédictions et vos colères.

Puissiez-vous au jour du jugement suprême me pardonner tout le sang et toutes les larmes que j'aurai fait répandre pour l'accomplissement d'un vœu qui n'était que la vengeance d'un homme.

Pendant ce temps - là, le roi Philippe **VI** commençait à s'inquiéter sérieusement du voisinage d'Edouard. Il quitta dè nouveau Paris où il était revenu sur la nouvelle de la retraite du roi d'Angleterre.

En conséquence, il fit dire à Jean de Bohême, au duc de Lorraine, à Jean de Hainault, au comte de Flandres, au comte de Blois, à toute sa baronnie et chevalerie de l'attendre à Saint-Denis, d'où il partirait avec eux, afin de poursuivre le roi d'Angleterre.

Alors, pour chevaucher plus librement, il fit abattre tous les appuis extérieurs des maisons, et les gens de Paris furent si effrayés du départ du roi, qu'ils vinrent au-devant de lui dans les rues, et se jetant à ses genoux, lui dirent :

—Ah! cher Sire et noble roi, qu'allez-vous faire, voulez-vous donc abandonner votre ville de Paris.

Songez que les ennemis sont à deux lieues d'ici, et que vous absent, s'ils viennent jusqu'en cette ville, nous n'aurons personne qui nous défende. Restez donc, Sire, et nous aidez à garder votre bonne cité.

—Bonnes gens, répondit le roi, ne craignez rien, je vais jusques à Saint-Denis, rejoindre mes gens d'armes, afin de marcher contre les Anglais. Quant à l'ennemi, soyez tranquilles, il ne viendra pas jusqu'à vous.

Pendant ce temps, le roi d'Angleterre, comme s'il n'eût eu en vue que l'accomplissement de son vœu, et une fois ce vœu accompli, n'eût plus songé qu'à retourner en arrière, il cessa de marcher sur Paris, et laissant messire Godefroy de Harcourt, former l'avant-garde de son armée avec cinq cents hommes et douze cents archers, il chevaucha d'autre part et s'achemina vers la Picardie.

Or, il arriva que messire Godefroy rencontra une grande quantité de bourgeois d'Amiens à pied et à cheval, qui se rendaient au mandement du roi Philippe; ils étaient tous bien armés, et de plus commandés par quatre vaillants capitaines du pays d'Amiens.

Les Anglais les assaillirent, et la lutte fut longue, mais, comme toujours,

les Anglais furent vainqueurs et restèrent maîtres du champ de bataille, où
gisaient douze cents cadavres, tant Anglais que Français.

De son côté, le roi était entré dans le
pays de Beauvoisin, et il était venu se
loger à la belle et riche abbaye de Saint-
Lucien près de Beauvais.

Il y logea une nuit, et lorsque le lendemain il se remit en marche, à peine
avait-il fait mille pas qu'il lui sembla
qu'un grand incendie venait d'éclater
derrière lui, il se retourna et vit l'abbaye toute en flamme.

Alors il revint sur ses pas, et comme il
avait défendu, sous peine du gibet, que

nul ne violât églises ou abbayes, il fit arrêter ceux de ses gens qui avaient mis le feu à celle de Saint-Lucien.

Puis, comme il avait hâte de donner un exemple de sa justice, comme il ne voulait pas que dans l'accomplissement de son vœu un seul sacrilège fût commis qui pût en détruire l'effet, il fit apporter des cordes, et fit mander un moine de l'abbaye incendiée.

—Mon père, lui dit-il, vingt-deux hommes vont mourir qui ont besoin de votre ministère; ils vont mourir pour avoir violé l'asile des serviteurs de Dieu.

« C'est ainsi que mourront tous ceux

que je trouverai offensant le Seigneur sur mon passage.

Le roi s'éloigna, laissant les coupables entre leur confesseur et leur bourreau.

Une heure après, l'abbaye entière était en flammes, et vingt-deux cadavres pendus aux arbres découpaient leurs silhouettes noires sur l'horizon enflammé.

L'armée du roi d'Angleterre prit silencieusement sa route, et le soir même le roi d'Angleterre s'en vint loger dans un bourg du Beauvoisin, du nom de Melly, après être passé à côté de la cité de Beauvais qu'il n'avait pas voulu assaillir, ne voulant pas fatiguer ses gens sans raison.

Mais ce n'était pas là l'affaire des maréchaux de l'armée d'Édouard. Ils ne purent résister au désir d'aller escarmoucher un peu avec ceux des faubourgs de Beauvais. Ils revinrent donc sur leurs pas et assaillirent les barrières de la ville. Mais la ville était bien gardée, et les assaillants furent forcés de se contenter de l'incendie, après quoi ils revinrent trouver le roi là où il était logé.

Toujours brûlant et pillant, l'armée reprit sa course, et après s'être arrêtée une nuit dans le village de Grandvilliers, elle s'empara du château d'Arjis qui n'était défendu par personne, et qui ne fut bientôt plus qu'un amas de cendres.

Il y avait dans les environs le château de Poix, qui devait être d'une bonne prise, car le seigneur de Poix était réputé pour un seigneur très riche.

Quand le roi arriva au château de Poix, les Anglais s'en étaient déjà emparés ; mais, contre leur habitude, ils ne l'avaient pas encore incendié. Au moment où il franchissait la porte du château, messire Jean Chandos et le duc de Basset, deux braves chevaliers de son armée, se présentèrent, amenant au roi deux belles jeunes filles tout en larmes.

— Sire, dit messire Jean Chandos, le

château n'était occupé que par ces deux damoiselles que nous avons faites prisonnières, non pas pour exiger une rançon, mais pour sauvegarder leur honneur.

— C'est bien, Messire, répondit le roi, vous avez agi comme deux nobles et courtois chevaliers.

Puis s'adressant à l'une des deux belles éplorées :

— Mon enfant, lui dit-il, qui êtes-vous, vous et votre compagne ?

—Monseigneur, dit la jeune fille d'une voix émue, ma compagne est ma sœur, et le sire de Poix est notre père.

— Et le sire de Poix n'est pas à son château?

— Non, Sire.

— Eh bien! nous ne faisons pas la guerre aux femmes, et nous protégeons même ceux que les femmes aiment et protègent. Dites ce que vous désirez, et ce que vous désirez sera fait.

Alors elles tombèrent toutes deux aux genoux du roi, et lui demandèrent à aller rejoindre leur père qui était à Corbie.

En conséquence, le roi les fit escorter jusqu'à l'endroit où se trouvait leur père.

— Vous tenez, sans doute, dit Édouard à messire Jean Chandos et au sire de Basset, à remettre vos prisonnières en lieu de sûreté. Accompagnez-les donc et veillez bien sur elles.

Quand les deux chevaliers revinrent à l'armée, le roi remarqua en souriant qu'ils étaient plus rêveurs et plus soucieux qu'il ne les avait vus jusqu'alors,

Pendant ce temps ceux de la ville de Poix, qui avaient eu connaissance de la générosité d'Édouard envers les deux filles de leur seigneur, espérèrent trouver la même générosité pour eux chez les maréchaux de l'armée anglaise.

Ils leur firent donc proposer une somme considérable s'ils voulaient ne rien prendre et ne rien brûler.

Cette somme devait être payée immédiatement après le départ du roi.

La proposition fut acceptée. Ordre fut donné, sous peine de mort, de respecter la ville et les châteaux, et le lendemain, lorsque le roi partit, quelques-uns des chevaliers restèrent pour recevoir l'argent qu'on leur devait délivrer.

Cependant l'heure fixée était écoulée depuis longtemps, et les chevaliers ne voyaient rien venir.

Ils s'acheminèrent alors vers le château de Poix, pour réclamer la rançon promise, mais au lieu de rançon ils trouvèrent des gens bien armés qui, après leur avoir signifié qu'ils ne paieraient rien, se mirent à leur courir sus.

Les Anglais voyant qu'ils étaient joués, envoyèrent deux des leurs demander du secours à l'armée et se préparèrent à combattre jusqu'à ce que ce secours leur arrivât.

Ceux de Poix étaient en nombre, mais les Anglais leur donnèrent tant de besogne, que lorsque messire Regnault de Cobehen et messire Thomas de Holland, qui conduisaient l'arrière-garde arrivèrent à leur secours, ils combattaient encore et n'avaient pas perdu un homme.

—Trahis, trahis, criaient les Anglais et secondés par le renfort qui leur arrivait, ils brûlèrent la ville, tuèrent presque tous les habitants et jetèrent à bas les deux châteaux.

Puis ils rejoignirent le roi qui était venu à Airaines, et qui voulant y loger un jour ou deux, avait défendu qu'on causât aucun dommage à la ville.

Le roi Edouard s'occupa immédiatement de trouver un passage sur la Somme, et à cet effet, il envoya le comte de Warwick, et messire Godefroy de Harcourt avec mille hommes d'armes et deux mille archers pour qu'ils s'en allassent, dit Froissard, tâtant et regardant le long de la rivière de Somme, s'ils

pourraient trouver passage, où ils puis-
sent passer sauvement. . . . .

Les deux maréchaux que nous venons
de nommer, se mirent en route et trouvèrent un pont, mais ce pont était si
bien gardé, que malgré un grand assaut
qu'ils y eurent contre les Français, ils
ne purent s'en emparer et n'eurent que
le temps de se porter d'un autre côté.

Ils arrivèrent alors à Long en Ponthieu, où il y avait encore un pont; mais
il était si bien défendu qu'ils se mirent
en quête d'un autre qu'ils trouvèrent à
Péquigny, mais qui était encore mieux
gardé que les deux autres, si bien que
les deux maréchaux vinrent trouver leur

roi, en lui disant ce qui était, c'est-à-
dire, que Philippe VI avait fait pour-
voir et garnir les passages sur la rivière
de Somme, afin qu'Edouard et son armée
ne pussent passer, et que lui, Philippe,
pût les combattre à sa volonté ou les af-
famer s'il aimait mieux.

Pendant ce temps, Philippe VI avait cessé ses hésitations, et désireux de combattre Edouard, s'était mis franche-ment à sa poursuite. Il avait donc quitté Saint-Denis et marchant à grande journées, il était arrivé à Amiens pendant qu'Edouard était encore à Airaines.

Le soir même du jour où le comte de Warwick et Godefroy de Harcourt étaient venus apporter au roi la réponse que nous avons dites tout-à-l'heure, des hommes furent pris et reconnus pour être des espions du roi de France.

Un seul de ces hommes nia être espion du roi de France. Le hasard seul, disait-il, l'avait fait trouver avec les autres. Il assurait même que loin de vouloir servir Philippe, il eût voulu servir Edouard d'Angleterre. C'était un mode de défense si connu, que personne n'y prit garde, et que tous furent d'avis qu'il fallait pendre le prisonnier, et celui-là avant tous les autres. Alors cet homme se tut et le roi après l'avoir attentivement examiné, se contenta de garder les prisonniers jusqu'à nouvel ordre, puis avant que le camp français pût être informé de sa position, il donna l'ordre du départ qui devait avoir lieu le lendemain matin même.

En effet, au soleil levant le roi entendit la messe, les trompettes sonnèrent et les Anglais partirent emmenant les prisonniers les mains liées derrière le dos, et attachés par des cordes à la selle des chevaux.

Les Anglais arrivèrent ainsi près d'Abbeville, où il y avait un gué qu'Edouard ignorait encore, mais que connaissait Philippe et qu'il avait confié à la garde de six mille hommes sous le commandement de messire Godemart du Fay.

Mais Godemart du Fay recruta sur son passage tous ceux qui voulurent l'accompagner, et sa troupe s'augmenta de six mille hommes encore.

Philippe, sûr alors qu'Edouard ne traverserait pas la Somme, et ne pourrait lui échapper, quitta Amiens et marcha sur Airaines où il croyait que son royal adversaire se trouvait encore. Mais comme nous l'avons vu, les Anglais étaient partis dès le matin, et les Français qui trouvèrent encore les tables mises, ne trouvèrent plus les convives qui étaient déjà loin.

En effet, Edouard savait que le roi de France le suivait avec acharnement, mais comme s'il eût voulu épuiser les forces de son ennemi par ces poursuites continuelles, il fuyait toujours devant lui et ne voulait point livrer la bataille.

Il resta donc en la ville d'Oisemond à attendre que ses deux maréchaux qu'il avait de nouveau envoyés à la recherche d'un passage, fussent revenus. Ils revinrent le soir, ils s'étaient battus vaillamment, mais ils n'avaient rien trouvé.

Alors, le roi fit appeler ses prisonniers et leur dit :

— Y a-t-il parmi vous un homme qui connaisse le passage qui doit être près d'Abbeville, et par où nous et notre armée nous puissions passer sans danger. S'il en est un de vous qui le sache, qu'il le dise et il sera libre.

Tous ces hommes gardèrent le silence.

— Sire, dit alors Godefroy de Harcourt, en se penchant à l'oreille du roi, je connais les Français et aucun de ces hommes, pour avoir seul la vie sauve, ne vous dira ce que vous leur demandez. Promettez-leur à tous leur liberté, et peut-être l'un d'eux consentira-t-il, pour sauver ses camarades, à vous indiquer ce passage.

— C'est bien, dit Edouard, et se retournant vers les prisonniers :

— Ce n'est plus la liberté d'un seul, dit-il, c'est la liberté de tous que je promets ; plus, cent écus nobles si l'un de vous m'indique ce passage.

Alors un de ces hommes s'approcha du roi et lui dit :

— Sire, aucun de mes compagnons, qui sont tous Français, ne voudrait trahir son pays ; mais moi, dit-il, j'étais sujet d'Olivier de Clisson, qui est mort pour vous avoir reconnu pour son vrai roi ; c'est donc à moi de me dévouer pour les autres, car le roi de France n'est pas mon roi.

— Et cependant, fit Edouard, vous espionniez notre armée pour le compte du roi de France lorsque vous avez été arrêté.

— Sire, lorsque j'ai été arrêté, j'ai déjà dit que je n'étais pas un espion; aujourd'hui je le répète; j'ai dit en outre que j'eusse voulu vous servir. Aujourd'hui j'en ai l'occasion et je le prouve. Donnez-moi de nouveau votre parole royale que tous ces hommes seront libres, et je vous montrerai moi-même le passage que vous voulez connaître.

— Je me fie à votre parole, dit alors

Edouard convaincu par le ton sincère de cet homme, et vos compagnons sont libres dès à présent.

Et en même temps Edouard ordonnait qu'on déliât les cordes des prisonniers et qu'on les laissât sortir du camp.

— Sire, dit alors Gabin-Agace, car l'histoire a conservé le nom de cet homme, nul ne connaît mieux que moi le passage de la Blanche-Tache, car je l'ai cette année même passé plus de vingt fois. Je m'engage donc, Sire, sur ma tête, à vous faire passer la Somme à un endroit où vos hommes de pied n'auront de l'eau que jusqu'aux genoux, et que vos cavaliers passeront sans mouiller leurs éperons, car lorsque le flux de la mer arrive, il fait regorger la rivière et nul ne pourrait passer ; mais lorsqu'il se retire, ce qui arrive deux fois par nuit, on peut passer comme je viens de vous le dire. A l'endroit où se trouve ce gué, il y a du gravier blanc, c'est de là que lui vient le nom de Blanche-Tache.

— Et il n'y a pas d'autre passage? demanda Edouard.

— Il y a encore le pont d'Abbeville, mais il est défendu de façon que vous perdriez beaucoup de vos hommes à le vouloir franchir, et cela, peut-être sans résultat.

— Mais la Blanche-Tache n'est-elle pas défendue?

— Elle l'est, Sire, répondit Gabin-Agace, mais il n'y a aucun danger pour vous ni pour votre armée.

— Pourquoi?

— Parce que c'est messire Godemar du Fay qui l'occupe, et que messire Godemar du Fay n'est pas entêté en matière de lutte.

— Ainsi il se rendra.

— Il n'en viendra probablement même pas là, Sire. Il s'en ira tout simplement quand il vous verra arriver.

— Tout va bien alors, fit Edouard, et si nous réussissons, comme vous nous le promettez, comptez sur ma générosité, compagnon.

— Je réponds de tout, Sire, répliqua Gobin en s'inclinant, pourvu que vous soyez au gué demain quand le soleil se levera.

— Nous y serons.

Et le roi fit ordonner aussitôt que chacun se préparât à partir.

A minuit les trompettes annoncèrent le départ.

Les soldats s'appareillèrent, on chargea les chars, et l'on partit.

Quand les Anglais arrivèrent au gué, il y avait encore le flux de la mer, et il fallut attendre qu'il se fût retiré.

Alors, messire Godemar du Fay qui, comme nous l'avons dit, avait rassemblé douze mille hommes environ, se présenta et fit ranger son armée de façon à empêcher le passage de l'armée anglaise.

Alors, contre la prédiction de Gobin Agace, un combat étrange s'engagea entre les deux armées, c'est-à-dire qu'elles combattirent dans l'eau et que de temps en temps le courant emportait un cadavre qui rougissait de son sang l'eau transparente et éclairée des premiers rayons du soleil.

C'était un spectacle curieux à voir que ces hommes quittant le rivage et se précipitant dans l'eau pour se combattre, tandis qu'impassibles comme des dieux marins, les archers anglais tiraient aussi rapidement et sûrement que s'ils eussent été en une plaine unie.

Pendant ce temps les Anglais passaient, protégés par ce mur vivant et impénétrable.

Cependant, il n'y avait pas de temps à perdre.

Les Français venaient à grand train, et il fallait les éviter.

Les Anglais firent un dernier effort et les Français disparurent les uns d'un côté et les autres d'un autre, par les chemins qui menaient à Abbeville et à Saint-Riquier.

Les Anglais n'avaient pas tous quitté le rivage, quand quelques écuyers des seigneurs de France, qui voulaient prendre leur revanche d'un échec qu'ils avaient subi quelques jours auparavant, arrivèrent. Ils rallumèrent la lutte prête à s'éteindre, espérant donner par ce moyen le temps au roi de France d'arriver.

Mais Gobin Agace qui n'avait pas quitté le roi, lui dit :

— Sire, allez au secours de vos hommes ou abandonnez-les, car le flux va revenir, et, outre qu'il sera trop tard pour passer la Somme, le roi de France, qui vient sur vous, vous aura rejoint.

C'était contre les hommes du roi de Bohême et de Jean de Hainaut que les Anglais escarmouchaient ainsi.

Édouard arriva au secours des siens, et les ennemis s'enfuirent comme des gazelles épouvantées, laissant plusieurs cadavres sur le rivage.

Les derniers Anglais passèrent.

Il était temps.

A peine le dernier avait-il touché l'autre rive que Philippe VI apparaissait là où le combat venait d'avoir lieu.

Il s'apprêtait à passer et à poursuivre les Anglais quand les maréchaux lui dirent :

— Sire, regardez !

En effet, la mer s'emparait du fleuve,
et le flux arrivait si rapide et si vaste que
le bruit de ses flots éteignait les cla-
meurs des milliers de soldats qui couvraient le rivage.

— Trop tard, murmura Philippe!
Trop tard! ce n'est donc pas à des hommes, mais à des démons que nous avons
affaire.

Pendant ce temps les Anglais prenaient du champ, et Édouard demandait à Gobin Agace ce qu'il devait lui
donner en échange du service qu'il lui
avait rendu.

—Sire, donnez-moi un cheval, répondait cet homme, afin que je m'éloigne

au plus vite, car je ne crois pas qu'il fasse bon pour moi maintenant en ce pays.

Édouard donna au paysan ce qu'il demandait en y joignant en outre les cent nobles d'or qu'il lui avait promis, puis il se remit en route, traversa la ville de Noaille sans lui faire aucun dommage, car elle appartenait à la fille de Robert d'Artois, et alla se loger à la Braye. Il se remit en route le lendemain, et le vendredi à midi il s'arrêta à un endroit assez près de Crécy en Ponthieu, et comme si Dieu lui-même lui eût ordonné de s'arrêter en ce lieu »

— C'est là, dit-il.

Et il fit ranger son armée en trois batailles.

Édouard III arriva donc près de Crécy
en Ponthieu comme nous l'avons dit
tout-à-l'heure, et il avait dit :

— Je suis ici sur le droit héritage de
madame ma mère, qui lui fut donné en

mariage, et le veux défendre contre mon adversaire Philippe de Valois ou y mourir.

Nous croyons avoir mentionné la visite qu'il avait faite la veille à la comtesse d'Aumale. Il ne s'était pas contenté de faire respecter ses terres, comme étant fille de Robert d'Artois, il lui avait juré de venger l'exil et la mort de son père.

Nous allons voir maintenant comment Édouard tint parole.

Il n'avait pas à son service le huitième des gens qu'avait Philippe, il s'agissait donc de pour lui bien organiser ses batailles.

Il s'arrêta avec toute son armée en plein-champ, et quand elle fut réunie, il envoya le comte de Warvick, Godefroy de Harcourt et Regnault de Cobehen chercher la place où elle stationnerait définitivement pour donner le combat.

En outre, des coureurs furent envoyés à Abbeville, chargés d'apprendre ce que comptait faire le roi de France, et de s'assurer qu'il ne passerait-pas la Somme ce jour-là.

Les coureurs revinrent en disant qu'il n'y avait rien à craindre jusqu'au lendemain.

En conséquence, le roi donna congé à ses soldats d'aller chercher leur logis où bon leur semblerait pour la nuit, leur ordonnant d'être prêts le lendemain dès

le matin, au premier appel des trompettes, et de se réunir à l'endroit qui avait
été indiqué comme plus favorable par le
comte de Warvick et Godefroy de Harcourt.

Nous allons laisser les Anglais s'établir
le mieux possible, et nous allons voir ce
que pendant ce temps-là faisait le roi
Philippe VI.

Ce vendredi, qui était le 25 août 1346,
Philippe resta tout le jour à Abbeville,
attendant ses gens qui arrivaient de
toutes parts.

Il les faisait immédiatement sortir de
la ville et se rendre en pleine campagne,
afin d'être prêts plus tôt le lendemain,

car son intention était bien arrêtée de quitter la ville et de combattre les Anglais quoi qu'il en dût arriver.

Il fit à son tour ce qu'avait fait Édouard.

Il envoya deux de ses généraux, le sire de Saint-Venant et le sire de Montmorency s'assurer des dispositions de l'armée anglaise.

Les deux généraux revinrent annonçant qu'ils avaient trouvé les Anglais logés près de Crécy, et, selon toute apparence, attendant là leurs ennemis.

— C'est bien, dit Philippe, et, s'il plaît à Dieu, nous les combattrons demain. Maintenant, Messeigneurs, ajouta le roi, nous allons souper, car je veux ce soir boire à la santé de tous ceux qui me viennent en aide.

Toute la noblesse et la chevalerie de France étaient à ce souper.

C'était le roi de Bohême, le comte d'A-lençon, le comte de Blois, le comte de Flandre, le duc de Lorraine, le comte d'Auxerre, le comte de Santerre, le comte de Harcourt, messire Jean de Hainaut et beaucoup d'autres encore qu'il serait trop long de nommer.

Quand le souper toucha à sa fin, le roi se leva et dit :

— Messires, demain la France va jouer une grande partie, qu'avec l'aide des seigneurs et de votre courage elle gagnera, je l'espère. Mais il faut pour cela que vous soyez tous unis, tous amis les uns des autres, sans envie, sans haine et sans orgueil, que chacun ait sa part de la victoire si nous l'avons, et que nul ne puisse rejeter sur son voisin la défaite si elle a lieu.

Tous jurèrent alors au roi qu'ils feraient comme il le désirait et qu'ils seraient unis comme des frères.

— Sire, dit alors le roi de Bohême à Philippe, à la droite duquel il était assis, je suis aveugle et ne pourrai voir la grande chose qui s'accomplira demain, mais je vous jure que je ne mourrai pas sans avoir donné encore quelques vaillants coups d'épée pour votre cause.

Les deux rois s'embrassèrent, et chacun se retira pour aller prendre un peu de repos.

Pendant que ceci se passait à Abbeville, même chose se passait au camp d'Édouard.

Les Anglais avaient trouvé le pays gras et plantureux. Aussi, rois, princes et barons firent-ils bonne chère en attendant les évènements, et tous se retirèrent en excellentes dispositions.

Quand Édouard fut seul, il entra en son oratoire, se mit à genoux et resta longtemps en prière, demandant dévotement à Dieu, s'il combattait le lendemain de le laisser sortir du combat à son honneur.

Quand le roi eut fini ses oraisons, il fit appeler le prince de Galles.

— Mon fils, lui dit-il, c'est demain, selon toute probabilité, que vous devez gagner vos éperons. Faites comme je viens de faire, priez Dieu de vous venir en aide, car toute force nous vient de lui.

Édouard embrassa son fils qui à son tour s'agenouilla, et fit ses dévotions.

Le roi s'alla coucher.

Le lendemain il se leva de bonne heure et entendit la messe avec le prince de de Galles, qui lui dit :

— Je suis prêt, mon père.

La plus grande partie des chevaliers qui accompagnaient le roi se confessèrent, et après les messes, Édouard ordonna à tous ses gens de quitter leur logis, et de venir reprendre la place qu'ils occupaient la veille.

Puis il fit faire un grand parc près d'un bois derrière son armée, ce parc n'avait qu'une entrée, et il enferma dedans les chars et les chevaux.

Tous les hommes d'armes et archers demeurèrent à pied.

Ensuite il procéda à l'ordonnance des batailles, ou pour mieux dire et nous servir d'une expression plus moderne, il disposa ses corps d'armée.

Il en fit trois.

Le premier était commandé par le prince de Galles auquel furent adjoints :

Le comte de Warvick.

Le comte de Kenfort.

Messire Godefroy de Harcourt.

Messire Regnault de Cobehen.

Messire Thomas de Holland.

Puis, venaient messire Richard de Stanfort, le sire de Manne, le sire de Haware, messire Jean Chandos, messire Barthélemy de Brubbes, messire Robert de Neufville, messire Thomas Aiford, le sire de Bourchier, le sire Latimes et plusieurs autres bons chevaliers et écuyers.

Ce corps d'armée pouvait se composer de huit cents hommes d'armes, de deux mille archers et de mille brigans choisis parmi les Gallois.

Nous avons dit plus haut ce que c'était que les Brigans.

Le second corps était commandé par :

Le comte de Norhantonne.

Le comte d'Arondel, le sire de Ros, le sire de Lucq, le sire de Villebé, le sire de Basset, le sire de Saint-Aubin, messire Louis Tuetou, le sire de Multon et le sire de Lascels et autres.

Il se composait de cinq cents hommes d'armes et de douze cents archers.

Enfin, le troisième corps était commandé par le roi lui-même , et une foule de chevaliers et écuyers qu'il choisit à sa convenance.

Il se composait de sept cents hommes d'armes environ et de deux mille archers.

Quand ces trois batailles furent ordonnées, quand chacun, comte, baron et chevalier sut ce qu'il avait à faire, le roi d'Angleterre monta sur un petit palefroy, un petit bâton blanc à la main, et accompagné de ses maréchaux qui se tenaient à sa droite, il traversa les rangs de son armée, rappelant à ses gens qu'ils avaient son droit et son honneur entre les mains.

Il disait cela d'un ton si doux et avec un si gracieux sourire, que quelque chagrin que l'on eût, on s'en fut consolé en voyant si charmant visage, et en entendant si bonnes paroles.

Quand cette admonestation fut finie, il pouvait être midi.

Édouard rentra en son armée et ordonna que tous ses gens mangeassent à leur aise et bussent un coup.

Quand ils eurent mangé et reporté leurs pots et leurs barils dans les charriots, ils s'assirent à terre en mettant leurs armes devant eux, et ils attendirent.

De son côté, Philippe VI avait de

grand matin entendu la messe en l'abbaye de Saint-Pierre à Abbeville, avec le roi de Bohême, le comte d'Alençon, le comte de Blois, le comte de Flandre et les principaux des grands seigneurs qui étaient dans la ville.

Au soleil levant, Philippe sortit d'Abbeville, traînant à sa suite une si grande quantité d'hommes, que ce serait merveille à dire.

Quand le roi fut à deux lieues de la ville, Jean de Hainaut s'approcha de lui et lui dit :

— Sire, il serait bon que vous ordonnassiez vos batailles et que vous fissiez passer devant tous vos gens de pied, pour qu'ils ne soient pas foulés par ceux à cheval. Puis, il faudrait aussi envoyer trois ou quatre de vos cheva-liers, pour aviser les ennemis et voir en quel état ils sont.

— Vous avez raison, messire, dit le roi, et je vais suivre votre conseil.

En effet, il envoya quatre vaillants chevaliers qui étaient le Moyne de Bascle, le seigneur de Noyers, le seigneur de Beaujeu et le seigneur d'Aubigny à la reconnaissance de l'ennemi.

Ces quatre chevaliers approchèrent de si près, que les Anglais virent bien ce qu'ils venaient faire, mais ils eurent l'air de ne pas les voir et les laissèrent tranquillement rejoindre leur armée qui s'arrêta en les voyant reparaître.

Ils traversèrent la foule qui les séparait encore du roi, lequel s'adressant au Moyne de Bascle, lui dit :

— Eh bien ! messire, quelles nouvelles ?

— Sire, répondit celui qui était interrogé, nous avons vu les Anglais ; ils sont rangés en trois batailles, et ne paraissent pas disposés à fuir, car ils sont tranquillement assis à terre. Si vous me le permettez, Sire, je vous donnerai un conseil.

— Parlez.

— Je crois, sauf meilleur avis, qu'il

vous faudrait faire arrêter ici tous vos
gens, et les y faire loger tout ce jour,
car avant que les derniers rejoignent les
premiers et que vous ayez ordonné vos
batailles, il sera tard. Vos gens seront
lassés et sans ordre, tandis que vos ennemis seront frais et sûrs de ce qu'ils
doivent faire. Demain matin vous pourrez beaucoup mieux ordonner vos batailles et voir de quel côté vous devez attaquer.

Le conseil plut au roi qui ordonna
qu'il fut fait comme le Moyne de Bascle
venait de dire.

Les deux maréchaux chevauchèrent

donc, l'un devant, l'autre derrière, et crièrent aux bannerets :

— Arrêtez bannières, de par le roi et monseigneur Saint-Denys.

Ceux qui étaient devant s'arrêtèrent, mais ceux qui étaient derrière continuèrent à marcher, disant qu'ils ne s'arrêteraient que lorsqu'ils seraient aussi avant que les premiers.

Quand ceux qui étaient devant virent cela, ils reprirent leurs marches, car chacun mettait à orgueil d'être au premier rang, si bien que la parole du vaillant chevalier ne fut point entendue.

Le roi ne put pas plus être maître de ses gens que les autres chefs, et toute cette masse se mit en mouvement sans ordre et sans obéissance.

Alors arriva ce qui devait arriver.

Quand ils eurent marché quelque temps encore, ils se trouvèrent face à face avec les ennemis, et les gens qui avaient tous voulu être au premier rang, reculèrent et comprirent qu'ils auraient mieux fait de suivre la parole du Moyne de Bascle, que de faire ce qu'ils faisaient.

Mais il était trop tard.

Ils reculèrent en un tel désordre, que ceux qui étaient derrière crurent que l'on se battait au front de l'armée et qu'une partie des leurs était déjà vaincue, si bien que ne sachant que faire, les uns allèrent au secours des premiers, les autres restèrent en place.

Les chemins qui allaient d'Abbeville à Crécy, étaient couverts d'hommes, il y en avait en effet si grande foule, que trois lieues avant d'arriver au camp anglais, ils avaient déjà tiré leurs épées en criant :

— A mort! à mort !

Et ils criaient pour rien, car ils ne voyaient encore personne.

[illegible]

[illegible]

[illegible]

[illegible]

[illegible]

[illegible]

[illegible]

[illegible]

[illegible]

[illegible]

Nul ne pourrait rendre un compte
exact de ce qui se passa alors du côté
des Français, tant il y eut désordre et
désarroi dans l'armée du roi de France.

Quand les Anglais virent venir à eux

les Français, ils se levèrent sans nul effroi et se rangèrent en leurs batailles, celle du prince de Galles devant les archers posés en manière de herse et les gens d'armes au fond de la bataille.

Le comte de Norhantonne et le comte d'Arondel avec leur corps d'armée, se tenaient prêts à protéger celui du prince, si besoin était.

« Vous devez savoir, dit Froissard, que ces seigneurs, rois, ducs, comtes, barons français, ne vinrent pas jusque-là tous ensemble, mais l'un devant, l'autre derrière, sans arroy et sans ordonnance.»

Quand le roi Philippe vint jusqu'à la place où étaient les Anglais, quand il les vit, le sang lui monta au visage, car il les haïssait fort. Il ne put donc s'abstenir de les combattre, et dit à ses maréchaux :

— Faites passer nos Génois devant et commencez la bataille, au nom de Dieu et de monseigneur Saint-Denis.

Philippe avait là quinze mille arbalétriers génois environ, qui eussent autant aimé ne pas commencer le combat, car ils étaient si las d'avoir marché six lieues avec leurs armures et leurs arbalètres, qu'ils pouvaient à peine se tenir sur leurs pieds.

Ils dirent donc que dans l'état où ils

étaient, ils ne pouvaient être d'un grand

secours à la bataille.

Ces paroles arrivèrent jusqu'au comte

d'Alençon, qui en fut courroucé et qui

s'écria :

— Pourquoi se charge-t-on de cette

ribaudaille qui manque lorsqu'on en a

besoin ?

A peine le comte d'Alençon venait-il

de parler ainsi, qu'il arriva une chose

étrange.

Le soleil se voila comme s'il y avait eu

une éclipse, et il tomba une pluie qui

ressemblait plutôt à un déluge.

A chaque instant le ciel se lézardait

et un éclair entr'ouvrait ses voûtes d'un

horizon à l'autre et le tonnerre gron-
dait.

Puis, comme si Dieu n'eût pas voulu
faire grâce d'un présage à ce beau pays
de France qui courait si grand danger,
une nuée de corbeaux, semblable à un
immense voile de deuil, passa au-dessus
des deux armées, accompagnant son vol
de cris lugubres et sinistres.

Les plus sages des chevaliers dirent
alors que c'était signe de grande bataille
et de grande effusion de sang.

Cependant le temps commença à s'é-
claircir et le soleil à reparaître. Les Anglais l'avaient derrière eux et les Français juste dans l'œil.

Quand. les Génois virent qu'il fallait approcher les Anglais, ils se prirent à crier de toutes leurs forces pour les effrayer ; mais les Anglais ne bronchèrent pas, et ne parurent même pas les avoir entendus.

Les Génois recommencèrent leurs cris et avancèrent un peu.

Les Anglais ne bougèrent pas d'une semelle.

Enfin, les Génois poussèrent un dernier cri et commencèrent à tirer.

Alors les archers anglais firent un pas, tendirent leurs arbalètres, et une grêle de flèches s'abattit sur les Génois.

Quand ceux-ci, qui ne connaissaient

pas l'adresse de leurs adversaires, se virent ainsi criblés, ils furent effrayés, et il y en eut qui coupèrent les cordes de leurs arcs et qui les jetèrent.

La plupart revinrent sur leurs pas.

Alors il se passa une scène incroyable.

Entre les Génois et les Français se trouvait une grande haie de gens d'armes, richement parés et montés, qui regardaient l'engagement des Génois, si bien que lorsqu'ils voulurent fuir, ils ne purent.

Alors le roi de France, voyant combien peu tous ces mercenaires lui servaient, cria :

— Or tôt tuez toute cette canaille qui gêne la voie sans raison.

Alors vous auriez vu ces soldats s'entretuer entre eux, eux qui devaient faire cause commune contre un même ennemi.

Pendant ce temps, les Anglais tiraient toujours, et pas un de leurs traits n'était perdu.

C'est ainsi que commença la bataille de Crécy, le samedi 26 août 1546, à l'heure de Vêpres.

§

C'était le moment de se souvenir des

serments que l'on avait faits la veille, et cependant, comme nous l'avons vu, peu de seigneurs français se souvenaient, puisque tous, au lieu de suivre les ordres de leur royal chef, avaient voulu combattre au premier rang.

Cependant, il y en avait un qui n'avait pas oublié, celui-là était le roi de Bohême, Jean de Luxembourg.

Quand il entendit que la bataille était commencée, il demanda aux chevaliers qui étaient près de lui, comment se portait l'ordonnance de leurs gens.

— Cela va mal, Monseigneur, lui répondit-on, car les Genois ont reculé et le roi a ordonné qu'on les tuât, de sorte qu'occupés qu'ils sont les uns à tuer, les autres à se défendre, ils noūs gênent encore plus.

— Ha! répondit le roi de Bohême, c'est d'un mauvais augure pour nous. Mais où est messire Charles mon fils?

Ceux-ci répondirent :

— Monseigneur, nous ne savons ; nous pensons qu'il est plus loin et qu'il se bat.

Alors le roi dit à ses gens :

— Vous êtes mes hommes, mes amis, més compagnons, je vous prie donc de me mener si avant que je puisse tenir ma parole et férir au moins un coup d'épée.

Ceux qui étaient là y consentirent ; pour ne pas se perdre dans la foule, ils attachèrent les freins de leurs chevaux les uns aux autres, le sien au milieu, et ils se jetèrent au milieu des ennemis.

Comme on le pense bien, le roi de France avait grande angoisse au cœur de voir ainsi battre ses gens par une poignée d'Anglais.

Il demanda donc à messire Jean de Hainaut, qui lui avait déjà donné un bon conseil qu'il n'avait pu suivre, ce qu'il fallait faire.

— Sire, je ne vois rien de mieux, répondit le chevalier, que de vous retirer et de vous mettre en sûreté, car il pourrait bien vous arriver malheur comme à ceux de vos amis qui sont déjà morts.

Le roi qui frémissait de colère et d'impatience ne tint compte de cet avis.

Il avança un peu plus car il eut voulu rejoindre le comte d'Alençon son frère, dont il voyait les bannières sur une petite montagne.

Le comte d'Alençon descendit avec ordre sur les Anglais et les vint combattre. Il fit merveille et arriva jusqu'à la bataille du prince.

Philippe eût voulu le rejoindre, mais il y avait une si grande quantité d'archers et de gens d'armes devant lui qu'il n'y pût parvenir.

Cependant cette bataille désastreuse dans son ensemble pour l'armée française, est pleine de hauts faits d'armes isolés et qui malheureusement furent inutiles.

Ainsi, outre le comte d'Alençon, dont nous venons de parler, outre le vieux roi de Bohême, qui aveugle, s'était jeté au plus fort de la mêlée, il y eut encore le comte Louis de Blois, neveu du roi Philippe et du comte d'Alençon qui combattit vaillamment, et le duc de Lorraine qui frappait sans se lasser. Si bien que si, au lieu d'avoir été commencée trop tard et quand l'armée était lasse, la bataille avait été livrée le matin, trois lieues plus avant, ou le lendemain après une nuit de repos, l'histoire n'aurait pas enregistré le premier acte de cette sanglante trilogie qu'on appelle Crécy, Poitiers et Azincourt.

Ainsi, il y eut des chevaliers français qui rompirent la bataille des archers du prince, et vinrent jusqu'aux gens d'armes combattre main à main.

Là il y eut de beaux faits d'armes du côté des Anglais, car la fleur de la chevalerie entourait le fils du roi d'Angleterre.

Le comte de Norhantonne et d'Arondel, qui comme nous l'avons dit plus haut se tenaient prêts à venir secourir ce

jeune prince, accoururent à son aide, et
il n'était que temps, car autrement il
n'eût su comment se tirer de l'attaque.

Cependant et pour plus de sûreté, le
prince envoya un chevalier demander
aide au roi son père, qui se tenait plus
loin, sur un monticule, à côté d'un
moulin à vent.

Quand le chevalier fut auprès d'É-
douard, il lui dit :

— Monseigneur, le comte de Warwick, le comte de Kenfort, et messire
Regnault de Cobehen, qui sont près du
prince votre fils, ont grandement à faire,
car les Français les combattent dure-
ment, c'est pourquoi ils vous prient que

vous et votre bataille les veniez conforter et aider à sortir de ce péril, car si cette attaque s'augmente ou même continue, ils craignent pour votre fils.

Alors le roi dit au chevalier qui s'appelait messire Thomas de Norwick :

— Messire Thomas, mon fils est-il mort, ou si blessé qu'il ne se puisse défendre.

— Non, Monseigneur, répondit le chevalier.

— Eh bien! messire Thomas, répliqua le roi, retournez auprès de lui et de ceux qui vous ont envoyé, et dites leur, que quoiqu'il arrive, ils ne m'envoie pas chercher tant que mon fils sera en vie, car je veux, comme je le lui ai dit hier, que la journée soit à lui, et qu'il gagne ses éperons de chevalier.

Messire Thomas de Norwick revint apporter la réponse d'Édouard.

— Qu'il soit fait selon le désir du roi, dirent le prince et ses chevaliers, et ils reprirent si bien courage qu'ils restèrent maîtres de la place.

§

On doit bien penser, dit le chroniqueur, et nous le répétons avec lui, que là où il y avait tant de vaillants hommes, et si grande multitude de peuple, là ou tant de Français demeurèrent sur la place, il dût être fait de belles expertises d'armes qui ne vinrent pas à notre connaissance.

Messire Godefroy de Harcourt, qui était en l'armée du prince, et qui avait entendu dire qu'on avait vu du côté des Français la bannière de son frère, eut donné beaucoup pour que son frère fut sauvé. Il courut là où on lui avait indiqué que le comte se battait, mais il ne put arriver à temps et ne trouva plus qu'un cadavre.

Nous verrons plus tard ce qui en résulta.

A côté du comte d'Harcourt avait été tué le comte d'Aumale, son neveu.

D'une autre part, comme nous l'avons déjà dit, le comte d'Alençon et le comte de Flandre s'étaient vaillamment battus, mais ils ne purent tenir et ils tombèrent morts chacun sous sa bannière, avec tous les chevaliers et écuyers qui les accompagnaient.

Le comte Louis de Blois et le duc de Lorraine, son beau frère, se défendaient avec rage, entourés qu'ils étaient d'Anglais et de Gallois qui ne leur eussent pas fait merci. Mais leur valeur ne leur servit à rien, car ils demeurèrent sur la place et tous ceux qui étaient à leurs côtés.

Le comte d'Auxerre et le comte de Saint-Paul, couverts de blessures, moururent sur le champ de bataille.

Le soir, six hommes quittèrent le lieu du combat et à la faveur de la nuit se dirigèrent vers le château de la Braye.

Quand ils arrivèrent à la porte, ils la trouvèrent fermée, et le pont fermé car il était nuit.

Alors ces hommes firent appeler le châtelain.

Le châtelain descendit et s'avançant sur les guérites, il dit tout haut :

—Qui est là, et qui heurte à cette heure.

Un des cinq hommes répondit :

—Ouvrez, ouvrez, châtelain, c'est la fortune de la France.

A cette voix qu'il crut reconnaître le châtelain s'avança vers celui qui avait parlé, et il reconnut le roi Philippe VI.

Ceux qui l'accompagnaient, les seuls amis que les Anglais lui eussent laissés, étaient le sire de Hainaut, le sire de Montmorency, le sire de Beaujeu, le sire d'Aubigny et le sire de Montrault.

Quant au roi de Bohême, on retrouva

son cadavre à côté de ceux des chevaliers qui partis avec lui, étaient morts
avec lui.

Le châtelain du château de La Braye
ouvrit la porte, et le roi entra avec ses
cinq barons.

Ils restèrent là jusqu'à minuit, et le roi
fut d'avis de ne pas y séjourner plus
longtemps.

Alors, ils burent un coup; montèrent à cheval, quittèrent le château, et prirent pour les mener des guides qui connaissaient le pays.

Ils marchèrent si bien qu'au point du jour ils entrèrent à Amiens.

Le roi s'arrêta en une abbaye, et dit qu'il n'en bougerait pas avant d'avoir eu des nouvelles de ses gens et d'avoir appris lesquels étaient morts et lesquels étaient saufs.

§

Si, au lieu de se contenter de défendre le terrain qu'ils occupaient, les Anglais avaient voulu, comme plus tard à Poitiers, poursuivre l'armée française, il y eût eu deux fois plus de morts, et le malheur eût été deux fois plus grand.

Heureusement, les Anglais ne quittèrent pas leur ordre et se tinrent à leur place, se contentant de repousser ceux qui les assaillaient. C'est ce qui sauva le roi, car il y eut un moment où Philippe n'avait pas plus de soixante hommes autour de lui.

Il est vrai de dire qu'en voyant tuer autour de lui, comme on le faisait, en voyant tomber cette grande assemblée d'hommes sous le souffle de la mort, comme les feuilles d'un arbre aux vents d'hiver, le roi était resté immobile, la tête sans pensée, les yeux sans regard et comme une statue de la douleur muette.

Alors le sire de Hainaut, qui lui avait donné son cheval, car Philippe en avait eu un tué, avait pris le cheval par le frein et dit au roi :

— Allons, Sire, venez-vous-en, et ne vous faites pas tuer si inutilement. Vous avez perdu une partie, vous en gagnerez une autre.

Et Jean de Hainaut l'avait emmené presque de force.

C'était alors que le roi s'était remis en route avec ses cinq barons.

Vous vous souvenez de la légende du roi Rodrigue qui dit :

« A l'heure où les brillants oiseaux sont muets, et où la terre écoute attentive le murmure des fleuves qui portent leur tribut à la mer; alors que la faible lumière de quelque luisante étoile scintille tristement au milieu des ténèbres effrayantes de la nuit sillencieuse. »

Ayant pris un humble déguisement comme plus sûr que la couronne désirée et que les riches ornements qu'on envie; dépouillé des insignes superbes de la majesté royale, que l'amour et la crainte de la mort lui ont fait laisser sur les bords de la Guadalète; bien différent de ce

Goth qui entra jadis dans la mêlée, tout brillant des joyaux que son bras victorieux avait conquis ; son armure teinte de sang, en partie du sien, en partie de celui des étrangers, faussée en mille endroits, et quelques pièces même brisées, la tête sans armet, le visage couvert de poussière, image de sa fortune qu'il voit maintenant réduite en poussière ; monté sur Orléia, son cheval, qui est déjà si fatigué qu'il exhale à peine un souffle pénible et que par moments il s'en va baiser la terre :

C'est ainsi que dans les champs de Xérès, nouvelle et lamentable Gelboë, s'en va fuyant le roi Rodrigue à travers les chaînes des montagnes, les forêts, les vallées.

De tristes tableaux lui passent devant les yeux; un bruit confus de guerre frappe son oreille épouvantée; il ne sait de quel côté tourner ses regards : de tout il a peur et se méfie.

La terre qu'il regarde n'est plus à lui maintenant; cette terre qu'il foule, elle est aux étrangers.

Quel étrange coïncidence entre le roi goth et le roi français !

Nous n'avons pas à donner sur la fuite de Philippe d'autres détails que ceux que donne la romance sur la fuite de Rodrigue.

§

Le soir, quand tout fut fini, les Anglais allumèrent de grands feux dans leur camp, et Édouard qui de tout le jour n'avait mis son bassinet, vint au prince de Galles et lui dit :

— Mon fils, vous êtes bien mon fils, car vous vous êtes loyalement conduit, et vous voilà maintenant digne de tenir terre.

A cette parole, le roi s'inclina en remerciant son père, et celui-ci l'embrassa pour le louer de son courage, comme il l'avait embrassé la veille pour lui en donner.

Nous n'avons pas besoin de dire qu'il y eut fête dans le camp anglais, et que la nuit se passa en festins et en actions de grâces.

Le lendemain, qui était un dimanche, il faisait grande brume, si bien qu'on ne voyait pas à la distance d'un arpent.

Édouard ordonna que cinq cents hom- d'armes et deux mille archers quit- tassent le camp et allassent s'assurer que les Français ne s'étaient pas rassemblés de nouveau.

Les communautés de Rouen, qui ne savaient rien du désastre de la veille, étaient parties d'Abbeville et de Saint-Riquier.

Les Anglais qui étaient en reconnaissance crurent d'abord que ces troupes d'hommes qu'ils voyaient étaient des leurs ; mais quand ils virent qui ils étaient, ils leur coururent sus.

La bataille se ralluma donc aussi dure, aussi acharnée, aussi impitoyable que la veille, de la part des Anglais.

On retrouva des morts dans les buissons, dans les haies, ainsi qu'ils fuyaient, au nombre de sept mille.

Peu de temps après, mais en une autre route, ces Anglais firent rencontre de l'archevêque de Rouen et du grand-prieur de France, qui ne savaient rien non plus du désastre de la veille.

Un combat ne tarda pas à s'engager, et les Français furent battus comme ceux à qui les Anglais venaient d'avoir af- faire.

Cette troupe d'Anglais se remit en route, cherchant d'autres aventures et en trouvant, car quelques soldats français qui s'étaient égarés, qui avaient passé la nuit dans les champs, et qui n'avaient aucunes nouvelles du roi ni de leurs chefs, furent rencontrés encore et tués sans merci, ni miséricorde.

Le dimanche matin et dans ces escar- mouches isolées, il y eut quatre fois plus

de morts que le samedi où la grande bataille eut lieu.

§

Comme le roi sortait de la messe, les
chevaucheurs reparurent, racontant ce
qu'ils avaient vu, trouvé et fait.

Alors, le roi fut d'avis qu'il fallait envoyer chercher les morts, afin de savoir
quels seigneurs étaient demeurés sur le
champ de bataille.

Il choisit deux chevaliers, messire
Regnault de Cobehen, et messire Richard de Stanfort, trois héraults pour

reconnaître leurs armes, et deux clercs
pour écrire et enregistrer les noms de
ceux qu'ils trouveraient.

Cette petite troupe se mit en route,
cherchant ces morts, et en trouvant un
si grand nombre, qu'elle en fut émer-
veillée.

Le soir, au moment où Édouard allait
souper, les deux chevaliers que nous
avons nommés tout à l'heure, revinrent,
et firent le rapport de ce dont ils avaient
été témoins.

Or, ils avaient trouvé sur la place onze
chefs de princes, quatre-vings bannerets, douze cents chevaliers d'un écu
(on appelait ainsi ceux qui servaient le

roi de leur seule personne , et n'avaient
pas d'autres chevaliers sous leurs ordres)
et environ trente mille hommes d'autres
gens.

Le roi d'Angleterre , le prince son fils
et tous les seigneurs louèrent Dieu , de la
belle journée qu'il leur avait envoyée ,
puisqu'une poignée d'hommes qu'ils
étaient en comparaison des Français , en
avait vaincu une si grande masse.

Édouard fut touché de la mort du
vaillant roi de Bohême , et des chevaliers qui étaient morts auprès de lui.
Aussi ordonna-t-il que de grands hon-
neurs lui fussent rendus.

Le lendemain , le roi d'Angleterre fit

rassembler les corps de tous les grands seigneurs morts sur le champ de bataille, et il les fit transporter en un couvent, nommé Maimtenay, qui se trouvait près de Crécy et où ils furent ensevelis en terre consacrée. Puis il fit savoir qu'il donnait une trève de trois jours pour chercher le champ de Crécy et enterrer les morts. Après quoi il chevaucha vers Montreuil sur la mer, tandis que ses maréchaux couraient sur Hesdin., Vaubin et Sornes qu'ils brûlaient comme pour laisser d'autres preuves de leur passage.

Le jeudi suivant, Édourd était devant la ville de Calais où nous l'allons retrouver tout à l'heure.

Comme nous l'avons dit, pendant ce temps-là le roi était arrivé à Amiens, et s'était logé en une maison dépendant de l'abbaye du Gard.

Le roi Philippe VI ignorait encore combien de nobles et même de son sang avaient succombé à Crécy.

Le dimanche soir il sut la vérité.

Sa douleur fut grande en apprenant la mort de son frère, le comte d'Alençon ; de son neveu le comte de Blois, de son beau-frère le roi de Bohême.

Tout ce qui pouvait encore souffrir en lui, vibra douloureusement à ces nouvelles.

En remontant à la source de ses dé-

sastres, le roi retrouva que messire Godemar du Fay qui avait si mal défendu
le passage de la Blanche-Tache, en était
la cause première.

Alors une grande colère succéda à sa
grande douleur, et il ne songea à rien
moins qu'à le faire pendre, ce qui fut
arrivé, sans nul doute, si messire Jean
de Hainaut n'eût usé de son influence
sur le roi, pour excuser le capitaine et
lui faire pardonner.

— Sire, dit Jean de Hainaut, comment messire Godemard du Fay, aurait-
il résisté à la puissance fatale des Anglais, puisque la fleur de votre chevalerie n'a pu lui tenir tête.

— C'est vrai, répondit le roi, et il fit grâce.

Après quoi il fit faire les obsèques de ses prochains, l'un après l'autre et quitta la ville d'Amiens pour revenir à Paris, donnant congé à tous ceux de ses gens d'armes qui avaient survécu à la journée du 25 août 1546.

Quand Philippe arriva à Paris, Édouard avait déjà mis le siège devant Calais.

Édouard ne pouvait pas s'arrêter en si beau chemin. A compter de ce moment il devait croire que la France était à lui, et il le crut en effet.

Il mit donc le siège devant Calais,

comme nous l'avons dit tout-à-l'heure.

La garde de Calais était confiée à un vaillant capitaine de Bourgogne nommé Jean de Vienne, lequel avait autour de lui de braves chevaliers, tels que Arnould d'Audrehen, messire Jean de Surice, messire Beaudoin de Bellebronne, messire Geoffroy de La Mote, messire Pepin de Werc et d'autres encore qui n'étaient pas hommes à céder la place.

Édouard avait compris que ce siège serait long, aussi n'avait-il pas hésité dans la manière dont il l'organiserait.

Il fit tout simplement bâtir devant Calais une véritable ville pour lui et son armée, comme s'il eût dû y demeurer dix ou douze ans.

Cette ville nouvelle se trouvait entre la ville, la rivière et le pont de Meulai.

Les maisons, ordonnées par rues, étaient bien et dûment couvertes de paille et de chaume, car la résolution d'Édouard était de rester là, été comme hiver, jusqu'à ce que Calais fût à lui.

La ville fut baptisée et appelée par Édouard Villeneuve-la-Hardie.

Tout ce qui était nécessaire à son armée s'y trouvait, et le mercredi et le samedi de chaque semaine, il y avait marché sur une place désignée à cet effet.

On y vendait de tout, à ce marché, depuis le pain et la viande jusqu'au drap et à la mercerie.

Toutes ces provisions et denrées leur venaient, par mer, d'Angleterre ou de Flandre, et pendant ce temps, comme pour s'entretenir la main, les gens du roi d'Angleterre ravageaient quelque peu le pays.

Chaque jour ils faisaient une excursion nouvelle, soit dans le comté de Guines, soit jusqu'aux portes de Saint-Omer et de Boulogne, et ils ne revenaient jamais sans un très honnête butin.

Du reste, Édouard ne songeait pas une minute à faire assaillir Calais ; il savait trop bien que ce serait peine inutile et qu'il travaillerait inutilement. C'était par la famine qu'il voulait la prendre. C'était long, mais c'était sûr.

Une seule chose l'eût décidé à combattre, c'eût été que le roi Philippe VI vînt lui-même pour lui faire lever le siège.

Quand Jean de Vienne vit le moyen qu'Édouard avait choisi, il comprit tout de suite que moins il y aurait de bouches dans la ville, plus longtemps elle résisterait.

En conséquence, il ordonna que tous ceux qui n'avaient pas de moyens d'existence quittassent Calais, et le soir même dix-sept cents individus, tant hommes que femmes et enfants, sortirent de la ville.

Cette troupe s'arrêta aux portes de la ville et n'osa avancer.

Entre mourir de misère et de faim ou mourir tués dans le camp anglais, ces gens n'hésitaient pas et préféraient la première mort à la seconde.

Cependant cette sortie n'avait pas échappé à Édouard.

Il envoya demander à ces gens pourquoi ils se trouvaient ainsi à la porte de leur ville et n'y rentraient pas.

Ils répondirent la vérité à l'envoyé du roi d'Angleterre.

Alors celui-ci leur fit dire qu'ils pouvaient passer dans son camp, qu'il leur laisserait la vie sauve, le passage libre et qu'ils pourraient aller chercher leur existence ailleurs.

Ils hésitèrent un peu ; mais enfin quelques-uns se décidèrent, et les autres les suivirent.

Édouard aimait assez faire plus qu'il ne promettait.

Donc, au lieu de s'en tenir à ce qu'il avait promis, il fit boire et manger abondamment tous ces gens, leur donna à chacun deux esterlings et les congédia émerveillés de la générosité de ce roi ennemi.

Nous allons un peu laisser Édouard

devant Calais, où, selon toutes probabi-
lités, il va rester longtemps, et nous allons voir ce qui se passait pendant ce
temps en France, en Angleterre et en
Écosse.

La France venait de recevoir à Crécy
une de ces secousses qui ébranlent forte-
ment un royaume, et qui le font longtemps vaciller sur sa base avant qu'il
retrouve son équilibre.

Depuis cette défaite, le roi Philippe VI
semblait fou. Il s'attendait si peu à ce
désastre immense et rapide à la fois
comme la foudre, qu'il ne savait plus
guères de quel côté il lui faudrait repousser d'abord cette double invasion;

car, comme on se le rappelle, le comte Derby faisait à peu près de l'autre côté de la France ce que son gracieux souverain venait de faire en Normandie.

Cependant, comme jusque là la victoire la plus sérieuse avait été du côté du roi d'Angleterre, Philippe songea à rappeler à lui ceux qui pouvaient le mieux le défendre contre Édouard, et il fit dire à son fils, le duc de Normandie, qui attaquait les Anglais dans Aiguillon comme ceux-ci attaquaient les Français dans Calais, de venir le retrouver à Paris ; car on doit se rappeler que le duc avait dit qu'il ne reviendrait que sur l'ordre de son père.

Il était temps.

Philippe de Bourgogne, fils d'Eudes de Bourgogne, cousin du duc de Normandie, jeune chevalier plein d'adresse et de bravoure, était venu rejoindre les Français devant Aiguillon.

Le 15 août environ, il y avait eu une escarmouche à laquelle il avait pris part, et monté sur un cheval ardent et difficile, il lui avait enfoncé ses éperons dans le ventre, et il était parti.

Le cheval l'avait emporté, et, en franchissant un fossé, bête et cavalier avaient roulé à terre, et le cheval seul s'était relevé.

Cette mort avait fait une vive impression sur le duc de Normandie, qui aimait fort son cousin, et il était fort découragé quand les nouvelles de Crécy arrivèrent avec l'ordre du roi qui le rappelait à Paris.

L'ordre était formel, nous l'avons déjà dit; non-seulement Philippe rappelait son fils, mais il lui ordonnait de lever le siège; il lui faisait part de la mort de ses proches tués à Crécy, et il lui disait enfin que le trône avait besoin immédiatement du secours de tous et en première ligne du sien.

Cependant le duc rassembla les comtes et les barons qui étaient avec lui, leur demandant s'il n'y aurait pas lâcheté à abandonner un siège qu'ils avaient juré de tenir jusqu'à la mort.

Tous furent d'avis que, dans de telles circonstances, il devait avant toutes choses obéir au roi son père, et que l'ordre qu'il venait de recevoir le dégageait de son serment.

Alors il fut arrêté que le lendemain on délogerait et que l'on retournerait en France.

On juge de l'étonnement de ceux qui étaient dans Aiguillon quand le lendemain, dès le matin, ils virent les assiégeants plier leurs tentes, ramasser leurs bagages et se mettre en route dans une direction opposée à la ville.

Quand Gauthier de Mauny vit cela, il ordonna que l'on s'armât, que l'on montât à cheval, car son avis n'était pas de laisser partir ainsi les assiégeants sans leur demander compte de leur siège.

Alors ceux d'Aiguillon, la bannière de Gautier à leur tête, sortirent de la ville et s'en vinrent tomber sur l'ennemi avant qu'il fut complètement délogé et tandis qu'il était encore occupé de ses préparatifs de départ.

Nous n'avons pas besoin d'ajouter que cette sortie réussit à merveille, et qu'après avoir tué de droite et de gauche, les Anglais ramenèrent plus de soixante prisonniers à leur forteresse.

Parmi ces prisonniers se trouvait un grand chevalier de Normandie, cousin du duc, dont l'histoire n'a pas conservé le nom, et à qui Gautier de Mauny demanda pour quelle cause le duc de Normandie levait ainsi le siège.

— Je l'ignore, répondit le chevalier.

— Comment se fait-il que vous l'ignoriez, répondit Gautier de Mauny, vous qui êtes parent et conseiller du duc?

— Le roi de France a rappelé son fils, dit laconiquement le chevalier.

— Mais ce rappel a une raison, insista Gautier.

— Oui. —

— Laquelle?

Le chevalier hésita de plus belle, car
ceux d'Aiguillon ignoraient encore la
défaite de Crécy, et il avait honte de la
leur apprendre.

— Voyons, Messire, reprit Gautier de
Mauny qui, à cette hésitation, devinait
quelque nouveau malheur survenu à la
France, et qui, comme on le pense bien,
tenait à le connaître, voyons, soyez
franc. Nous sommes peut-être destinés
à vivre longtemps ensemble. Vous êtes
mon prisonnier, et la nouvelle que j'at-
tends de vous paiera peut-être la moitié
de votre rançon, ce qui n'est pas à dé-
daigner, Messire, car, à l'heure où nous

sommes, ce pauvre état de France n'enrichit pas ses chevaliers.

—Eh bien ! répliqua le prisonnier, les Anglais et les Français, le roi Édouard et le roi Philippe se sont rencontrés.

—Ah ! vraiment, et où cela ?

— A Crécy en Ponthieu.

—Et le roi Édouard?

— A été vainqueur, fit le chevalier avec un soupir.

—Et qu'est-il devenu? continua Gautier avec un sourire.

—Il a mis le siège devant Calais, et a juré de ne s'en aller que lorsqu'il aurait pris la ville.

—Merci de cette bonne nouvelle, Messire, s'écria Gautier de Mauny.

Et il annonça à ses compagnons ce que son prisonnier venait de lui apprendre.

Le lendemain Gautier de Mauny vint trouver son prisonnier et lui dit :

—Messire, combien pouvez-vous donner pour votre rançon?

— Trois mille écus, dit celui-ci.

— Écoutez, reprit Gautier, je sais que vous êtes du sang du duc de Normandie et fort aimé de lui. Vous paieriez donc la rançon que je vous demanderais, mais ce n'est pas une rançon que je veux de vous, et vous serez libre sans cela.

Le chevalier regarda Gautier avec étonnement.

—Aujourd'hui même, reprit celui-ci, vous quitterez Aiguillon après m'avoir donné votre parole de faire ce que j'aurai réclamé de vous.

— Parlez, Messire.

—Eh bien! il y a longtemps que je suis séparé du roi d'Angleterre que j'aime comme si j'étais son fils, que j'aime comme vous aimez le duc de Normandie, et que je veux revoir. Je n'ai plus rien à faire ici, mais je ne puis aller rejoindre le roi Édouard sans un sauf-conduit, et je ne puis me mettre en route tout seul: Voilà tout ce que vous ferez, Messire, ou plutôt ce que je vous prie de faire. Vous irez demander au duc de Normandie ce sauf-conduit pour moi et vingt hommes, vous me l'apporterez et vous serez libre. Vous avez un mois pour cela. Si dans un mois vous n'avez pu obtenir ce papier, continua Gautier en souriant, vous ferez comme Régulus, Messire, vous viendrez reprendre vos fers : mais, soyez tranquille, nous serons moins cruels que les Carthaginois. Est-ce dit?

— Comptez sur moi, répondit le chevalier, je fais serment de vous apporter ce sauf-conduit ou de me reconstituer prisonnier.

— Allez donc, Messire, dit Gautier, vous êtes libre.

Un mois après, le chevalier rapportait à Aiguillon la lettre que de Mauny lui avait demandée, et que lui avait, sur sa première réquisition, accordée le duc de Normandie.

Dès le lendemain, Gautier se mit en chemin avec sa petite troupe, après avoir tenu le chevalier quitte de sa rançon.

FIN DU CINQUIÈME VOLUME.